AF174536

C O L E C C I Ó N

D I D A S K A L O S *M I N O R*

n.º 2

CARDENAL GIACOMO BIFFI

EL QUINTO
EVANGELIO

didaskalos

Imagen de portada: Beatriz R. Porrero

© Autor: Cardenal Giacomo Biffi

Traducción: Leopoldo Vives

Nueva edición: marzo 2024

© 2016 by Discípulos de los Corazones de Jesús y María

Impreso en España. Printed in Spain
Depósito legal: M-7880-2024
ISBN: 978-84-19431-42-4

Maquetación: Juan Carlos Adame

Impresión y encuadernación:
  Editorial Didaskalos
  Valdesquí 16, Madrid 28023

CONTENIDO

PRESENTACIÓN

Acerca del cardenal Giacomo Biffi, difunto Arzobispo emérito de Bolonia, escribía hace pocos meses el Papa emérito Benedicto XVI[1]:

> *En mi memoria el cardenal Biffi es un pastor ejemplar de la Iglesia de Dios en tiempos de tormenta.*
>
> *Biffi era una personalidad de una sola pieza, hombre con un coraje extraordinario, sin temor a la popularidad o a la impopularidad, orientado sólo por la luz de la verdad, que en Jesucristo se nos aparece en persona.*
>
> *Su extraordinaria inteligencia y su formación cultural y teológica, junto con una buena dosis de sentido del humor, eran convincentes, porque estaba totalmente al servicio de la verdad, al servicio del Señor, y así de los hombres de nuestro tiempo.*
>
> *Espero nunca falten en la Iglesia de Dios personas de esta grandeza humana.*

---

[1] En *Ubi Fides Ibi Libertas*. Scritti in onore di Giacomo Biffi (Siena: Cantagalli 2016).

Este pequeño libro, cuyo original se remonta a los inicios de la lejana década de los 70, es buena muestra de esa extraordinaria inteligencia y del sentido del humor que, según Joseph Ratzinger, caracterizaron a este gran hombre de Iglesia (Milán 1928 – Bolonia 2015); las introducciones que siguen –obra del autor– a las diversas ediciones italianas atestiguan su duradero impacto. Con su magistral uso de la ironía, Biffi va desgranando el Evangelio de Jesucristo en la medida en que, entusiasta, alaba ese "quinto evangelio" inesperadamente hallado por el comendador Migliavacca: un evangelio sin duda mucho más complaciente con la mentalidad contemporánea que los cuatro evangelios canónicos. Estoy seguro de que estas páginas, sorprendentemente actuales, provocarán en el lector una inevitable y saludable hilaridad; pero sobre todo suscitarán una nueva mirada sobre el Evangelio de Jesús, de la mano de un gran teólogo y verdadero pastor. Quiera Dios que susciten también personas de una grandeza humana semejante a la de su autor.

Luis Sánchez Navarro

UN HALLAZGO SENSACIONAL

La noticia estaría todavía bajo secreto. Una reducida comisión de expertos está afanándose con la serena impaciencia de los sabios para preparar una perfecta edición crítica de todo el material que por ventura ha llegado a mi poder.

Este tipo de trabajo suele llevar bastante tiempo. Es gente precisa, minuciosa. Y si alguno tuviera la tentación de hacer las cosas un poco "a la italiana", le intimidaría y dejaría como congelado el pensamiento de lo que dirían o escribirían los eruditos del otro lado de los Alpes. Por ello el trabajo va a requerir muchos años.

Por otra parte, me parece urgente que estos antiguos fragmentos se conozcan. La caridad me mueve a romper el compromiso de la confidencialidad, con el peligro de verme sometido a la ira de mis sabihondos y taciturnos colegas. Son personas mansas, inofensivas, laboriosas como las abejas. Sin embargo nada es más duradero y letal que su resentimiento cuando son provocados en su propio terreno.

Eso no hará sino agrandar el mérito de mi amor por la cristiandad y por sus actuales controversias.

Pero quizá será mejor que empiece a explicarlo todo desde el principio.

Todo comienza con el comendador Giovanni Migliavacca, o más bien *Migliavacca comendator Giovanni*, como ha escrito sin reparos en su tarjeta de visita.

Si se escribiera un *Tratado sobre el industrial Milanés*, aparecería en la portada como uno de sus más ilustres representantes. Nunca me he enterado bien de qué es lo que fabrica. Pero sea lo que sea, consigue venderlo en todo el mundo. Cuando era joven hizo los estudios técnicos por la tarde, y habla el francés y el inglés con la misma dificultad que el italiano. Sus empleadas, de hermosa presencia, han de conocer tres lenguas. Sin embargo, cuanto más hermosa es su presencia, tanto menos se formaliza su capacidad lingüística. Pero no pensemos mal: en la oficina es paternal, pero exigente. Su secretaria es para él tan útil como la enciclopedia Treccani en el salón de su casa: son parte de la decoración. Los contempla con satisfacción, pero no los toca. No quiere complicaciones, ni con su mujer ni con la cultura.

Es católico convencido. De hecho su mujer va a Misa todos los domingos que le quedan libres y su hija ha estudiado en las Marcelinas.

De boquilla es un feroz opositor del gobierno por causa de los impuestos. Pero en el fondo espera que las cosas no cambien. Él hizo su fortuna durante los veinte años de gobierno demócrata-cristiano. En la época del "milagro económico" consiguió también situarse en los mercados internacionales por delante de sus competidores ingleses y franceses, los cuales conservan en su corazón la convicción de que les tomaron el pelo. Le menospreciaron por ser italiano –*spaghetti*, mandolina, *dolce far niente*– y cuando se dieron cuenta de que era un milanés ya era demasiado tarde.

Su pensamiento social está bien definido: del río Po hacia el sur todos son unos garrulos. La culpa es de Garibaldi que los unificó a todos. La política es algo infame y apropiado para los del sur, que no saben hacer otra cosa. Sin embargo, a los subsecretarios se los invita a comer aunque sean de Basilicata[2].

---

[2] Región al sur de Italia (N. del T.).

Los sacerdotes deben ocuparse sólo de lo que sucede en la iglesia, pero incluso en la iglesia no deben prohibir cantar el "Ave María" durante la boda de su "niña", porque "él paga".

Los trabajadores hacen huelga porque no tienen ganas de trabajar como trabaja él, que está en la brecha desde el alba hasta la noche.

Naturalmente, como todos los milaneses, está convencido de ser hombre de gran corazón. No se escabulle de ninguna colecta ni de ninguna cuestación. En Valsassina, donde tiene su casita de fin de semana, paga la calefacción del asilo del pueblo. Y si el Milan gana la liga, los franciscanos de Padua reciben un cheque con seis cifras.

Respeta todas las opiniones, excepto las de los sindicatos y las de los hinchas del Inter.

Respeta a los animales, a los sacerdotes, a los *carabinieri*, con tal que se mantengan todos a una cierta distancia.

Yo soy un sacerdote. Y sin embargo, es mi amigo.

Somos amigos desde la infancia. Aunque es algo mayor que yo, fuimos compañeros de juegos en el patio de nuestro bloque desde cuyas barandillas, siempre cubiertas por un mosaico de camisas y mudas, nuestras madres se asomaban de vez en cuando para asegurarse de que nuestras diabluras se mantenían dentro de los límites de lo tolerable.

Después yo me hice sacerdote y él hizo dinero, pero seguimos siendo amigos.

En abril de 1967 –justo unas semanas antes de la "guerra de los seis días"– el comendador Giovanni Magliavacca me espetó: "¿Te vienes conmigo a dar una vuelta por Palestina?"

La idea vino por el Padre Mariano que hablaba en televisión. Una tarde que estaba en la cama con fiebre le escuchó hablar sobre el país de Jesús: Nazaret, Jerusalén, Belén… nombres que le recordaban el belén y las tardes de domingo en el local parroquial. Y le entró el capricho, una especie de nostalgia, de ir a visitarlos en persona. Y le pareció lógico pensar en mí, un sacerdote, como acompañante.

La propuesta me provocó una crisis de conciencia. ¿Sería yo capaz de gastar sin remordimiento tanto dinero en un viaje, aunque fuera a Tierra Santa? Es cierto que veía a muchos de mis colegas –los más informados sobre las nuevas tendencias del cristianismo postconciliar– ir por todo el mundo para dialogar sobre el compromiso o falta de compromiso, sobre la comunidad primitiva y sobre la pobreza evangélica.

Por aquellos días se hablaba también de una próxima reunión internacional en las Islas Bahamas para el redescubrimiento de la Iglesia de los pobres. Sin embargo yo no pensaba ir a dialogar, por lo que no tenía excusa.

"¡Pero si lo voy a pagar yo!", repetía exasperado Magliavacca. Lo cual era todavía peor para mi conciencia. ¿Podía yo comprometerme de este modo con un típico representante del capitalismo y correr así el riesgo de quedar perfectamente "integrado en el sistema"?

Finalmente, el deseo fue más fuerte que mis titubeos. De este modo, una mañana de abril despegaba en un avión detrás de mi amigo el comendador, con la excitación y la vergüenza de un adolescente de tiempos pasados que cruzase por primera vez el umbral de una casa de pecado.

El relato de nuestra estancia en Palestina nos sacaría del tema. Para lo que nos ocupa bastará decir que una vez terminada la visita a los lugares santos y alguna concesión a la devoción, el comendador Giovanni Migliavacca se dejó llevar, también ahí, de su instinto de hombre de negocios y, vestido mitad americano y mitad árabe, callejeaba incansablemente por las callejuelas y los bazares totalmente dispuesto a dejarse desplumar por aquellos rufianes orientales. Nos veíamos a la hora de cenar, cuando volvía cargado de todo tipo de bagatelas del Medio Oriente.

Una tarde vino al hotel con un rollo misterioso lleno de papeles raídos. "Toma, esto es para ti que has estudiado latín. Me he dado cuenta enseguida de que son unos papeles del «tiempo de Carlo Codiga» o al menos de los «Lombardos de la primera cruzada»".

Había comenzado a burlarme de él como de costumbre, pero hubo algo en esos legajos que llamó mi atención. Se trataba, sin duda, de unos pergaminos antiquísimos. Aunque descoloridos y casi borrados por el polvo y las manchas, pude enseguida reconocer que estaban escritos en caracteres griegos como los que aparecen en los más antiguos códices del Nuevo Testamento. Merecía la pena estudiarlos con un poco más de atención.

El examen de los expertos, tras nuestro retorno, dio un resultado sensacional. Nos aseguraron que eran fragmentos de mediados del siglo segundo de un escrito cristiano que podía perfectamente remontarse al fin del siglo primero. Páginas de un "quinto evangelio" sobrio en la forma y original en el contenido, capaz de arrojar una luz novísima sobre la auténtica enseñanza de Jesús.

Financiado por el comendador –al que nunca se lo agradeceré suficiente y que se mostraba tanto más entusiasmado cuanto menos entendía– se reunió un *équipe*, como mandan los cánones actuales, para preparar una edición crítica, trabajo que apenas ha comenzado.

Cuando salga a la luz, será un terremoto para el mundo de los eruditos. Miles de volúmenes publicados por la investigación alemana, francesa o anglosajona para resolver la cuestión sinóptica o el problema del origen de los evangelios deberán ser reciclados y todo se deberá estudiar de nuevo desde el principio. Cientos de profesores universitarios viven hoy sin saberlo los últimos años de tranquilidad antes de la desesperación y del infarto.

Pero yo no puedo esperar la edición crítica. Y he aquí por qué.

Aire fresco sopla en estos años sobre la cristiandad. Ideas jóvenes y vigorosas despiertan al pueblo de Dios. Sacerdotes, teólogos, teólogas enuncian conceptos cada día más sorprendentes, en los lenguajes más dispares, ante el asombro de los atónitos habitantes de Jerusalén: es un nuevo Pentecostés.

Yo me habría contado desde el principio entre estos admiradores incondicionales de este moderno "anuncio" multiforme si no me hubiera encontrado con una dificultad. Todos estos maestros aseguraban querer volver a las genuinas enseñanzas de Jesús, tal como se contienen en los escritos del Nuevo Testamento, sin añadiduras, sin "superestructuras"; sin embargo, sus doctrinas no me parecían bien fundadas en los textos sagrados a nuestra disposición.

No es que me parecieran equivocadas. Al contrario, me parecían hermosas y fascinantes, pero no veía su fundamento evangélico. Me faltaba su conexión con Cristo, y esto me incomodaba. Quizás, en los raros momentos de silencio interior, incomodaba también a sus defensores.

Y he aquí que como por un milagro esa conexión me venía dada por aquellos legajos encontrados no se sabe dónde por el comendador Migliavacca Giovanni. Cada uno de esos fragmentos parecía constituir la prueba hasta entonces inexistente del carácter genuinamente bíblico de las nuevas doctrinas. Todo se me hacía claro.

Por ello nadie se sorprenderá del entusiasmo que me ha suscitado este descubrimiento, ni de mi impaciencia, por la que no he sido capaz de esperar a la famosa edición científica de la que ya he hablado, y me he decidido a publicar estos textos en una traducción quizás un poco simple, pero sustancialmente fiel, y con un modesto comentario ilustrativo.

Y aunque seré condenado por mis colegas, que publicarán dentro de no mucho tiempo de modo impecable el texto original y el examen comparado de sus fuentes, espero que al menos tendré el reconocimiento de todos esos pensadores –por decirlo así– que encontrarán en estas pocas páginas una base segura para sus audacias.

Puede que a alguno no le agrade el asunto de un viejo manuscrito. No quisiéramos que se llegase incluso a poner en duda la buena fe, nuestra o de nuestro amigo el comendador.

Estos descubrimientos han sucedido con mucha frecuencia en los últimos siglos, incluso a los mejores escritores. ¿Por qué le estarían prohibidos sólo al señor Migliavacca? Por su parte, él está totalmente decidido a no mostrar sus preciosos pergaminos a ningún curioso que se lo pida. Ha dispuesto por el contrario que a su muerte sean entregados a la Biblioteca Ambrosiana, donde quedarán, custodiados con el mismo amor, junto a las páginas autógrafas del célebre Anónimo de Manzoni.

VEINTE AÑOS DESPUÉS

Cuando en Junio de 1970 salió *El Quinto Evangelio*, me encontré en una situación nueva en mi vida. Me había convertido, a pesar de no ser alguien distinguido, en "signo de contradicción". Cuando me encontraba con un sacerdote o con un laico comprometido, nunca sabía si querría darme un abrazo o darme de bofetadas.

Incluso un cardenal, ciertamente después de una lectura poco atenta del opúsculo, no tardó en mostrar su indignación: ¿cómo era posible que un sacerdote, es más, un párroco, hubiese escrito un libro tan irreverente, tan corrosivo contra los principios fundamentales del catolicismo? Sólo entonces, en mi inocencia, me di cuenta de que el sentido del humor no es un requisito indispensable para formar parte del Sacro Colegio.

Quisiera recordar ahora el origen de esas páginas. Eran los años de la llamada "contestación": quien se dedicaba a la cura de almas tenía que discutir casi todos los días con los jóvenes de la parroquia, y prácticamente de todo, incluso sobre aquello que hasta entonces siempre había sido acogido pacíficamente como parte de nuestro patrimonio de ideas.

Quede claro que mis interlocutores tenían toda mi simpatía: no iban a la discoteca, preferían apasionarse por los problemas teológicos, no rechazaban ni a Cristo ni a su doctrina aunque ya no reconocían su voz en muchas presentaciones del cristianismo. No querían ser extraños ni indiferentes a la Iglesia; solamente pensaban que la Iglesia debía cambiar en muchas cosas. Pensando esto me ha venido de repente la nostalgia de aquellos momentos de tanto fervor y vitalidad.

Pero también sucedía que, ante algunas afirmaciones un poco aventuradas, me veía obligado a decirles: "Mira, las palabras de Jesús dicen justo lo contrario de lo que tú dices". Y alguna vez añadía: "Quizás no estemos leyendo el mismo evangelio…"

Puse encima de la mesa aquellos legajos en julio de 1969, en la playa de Senigallia, bajo la mirada amiga y con el consejo de Don Giuseppe Lattanzio. En aquellos días los hombres llegaron a la luna, pero yo ni siquiera me di cuenta; tan ocupado estaba con el comendador Migliavacca.

Tengo que reconocer que dejé pasar el tiempo antes de decidirme a publicarlos. Era bastante probable que me catalogaran inmediatamente entre los más obtusos "conservadores", lo cual no me resultaba entonces nada seductor. Además estaba la esperanza de que otros más cualificados y hábiles que yo se tomaran esta molestia, al menos aquéllos, conjeturaba, que en su "ortodoxia" recalcitrante habían estado hasta hacía poco más inclinados a calificarme de "demasiado aperturista" y falto de respeto por la tradición. Por último estaba también el temor de perder alguna amistad. Se puede comprender por qué mis vacilaciones duraron casi un año.

Mi intención no era, ciertamente, denunciar con doctos y serios razonamientos exegéticos o metafísicos las aberraciones más claras y evidentes en materia de fe. Ya habían alzado su voz personas como Maritain, Daniélou, De Lubac, Von Balthasar: los pensadores más inteligentes y prestigiosos de la cristiandad. Sin embargo, no parecía que se prestara la misma atención a su voz —al menos en cuanto a la *pars loquacior*— de la que se daba a la de los más temerarios y atrevidos.

Yo esperaba, precisamente para ayudarme en mi trabajo como párroco, que alguno se decidiese a aplicar una suerte de antiinflamatorio a esa especie de hipertrofia ideológica cuya incongruencia religiosa y maleficio pastoral yo experimentaba cada día. Pero como ninguno parecía afrontar esta problemática, lo hice yo, convencido de su oportunidad aunque sin mucho entusiasmo.

La iniciativa tuvo un éxito indudable: además de las traducciones en las principales lenguas europeas, se sucedieron siete ediciones. Después de la séptima, en junio de 1974, el editor, quizás preocupado por el inesperado éxito, me comunicó educadamente que había considerado que debía quitar la publicación de su catálogo. Y yo –siempre dócil a los signos de los tiempos– no me preocupé más del asunto.

Desde entonces me preguntaban por el libro cada cierto tiempo, pues ya no se podía encontrar. Evidentemente yo no podía satisfacer estas peticiones.

¿Cómo se me ha ocurrido ahora –cuando ya debía haber sentado un poco la cabeza, sea por la edad o por el oficio que desempeño– volver a publicar este escrito impertinente y dárselo después de veinte años a un editor diferente?

En primer lugar, porque estaba cansado de responder a los que me lo pedían que el libro estaba agotado. Además, porque no quería que alguno pensase que me avergonzaba de este texto publicado en mi juventud. De muchos errores de mi vida ya me he arrepentido como es debido y saludable, pero entre ellos no está *El quinto evangelio*. Finalmente, porque cierta presentación ideológica del cristianismo no ha desaparecido: no está tan claramente diagnosticada, es exteriormente menos agresiva, pero no está menos extendida ni es menos insidiosa para la integridad de la fe y la autenticidad de la pertenencia a la Iglesia.

Si pienso en mi evolución interior, me doy cuenta que ha sido decisivo el paso de la tarea de enseñar y de estudiar a la de ser, más que nada, "pastor". El investigador considera su derecho inalienable explorar todos los espacios, incluso aquéllos más próximos al precipicio: más aún, muchas veces es precisamente en los márgenes extremos donde se pueden coger las flores más originales y singulares. El "pastor", en cambio, se para a una cierta distancia de los abismos: sabe que si va hasta el límite del acantilado alguna "oveja", fatalmente, cae.

Es justo y positivo que las dos "funciones" se entrecrucen y complementen. Quizás el atractivo y la riqueza de la época de los Padres reside precisamente en esto. En aquella época, generalmente, no eran los profesores quienes llegaban a ser obispos (cosa que, por otra parte, a veces resulta providencial), sino que eran los obispos los que de modo natural se convertían en los maestros de la "*sacra doctrina*". De ese modo también era más difícil que se olvidara o dejara de lado en la cultura del tiempo uno de los más altos enunciados teológicos del Señor Jesús: "«Te doy gracias, Padre, Señor del cielo y de la tierra, porque has escondido estas cosas a los sabios y entendidos, y se las has revelado a los pequeños" (Mt 11,25).

Siempre ha habido alguno que me ha preguntado: "¿Qué pasó con el comendador Migliavacca?"

Físicamente está bien, aunque ha envejecido bastante. Sin embargo me parece que estos veinte años, con todo lo que nos han permitido ver, han afectado a su moral. Ya no tiene ni la indomable energía, ni el espíritu de iniciativa, ni la exuberancia que tiempo atrás todos le reconocían.

Después de haber superado sin ceder los sucesivos "otoños calientes", los tiempos de las "huelgas intermitentes" y las "huelgas por turnos", el descubrimiento del salario como "variable independiente", ahora el enmarañarse de las complicaciones burocráticas y de las interferencias (como la de Europa o el cuidado del medio ambiente), la inseguridad política y la imaginativa avidez fiscal del gobierno lo han cansado de verdad. En algunos momentos incluso considera dejar la dirección de la empresa a su yerno (dentista de profesión), a pesar de que es fácil pensar que más tarde o más temprano todo irá a la ruina.

Ya no habla mal de Garibaldi. Tiene suficiente sentido común para comprender que si la unidad de Italia –tal como se hizo– fue un despropósito, deshacerla sería ahora un despropósito mucho más grave.

El Milan le ha dado durante estos años bastantes satisfacciones, pero lo que ahora sucede habitualmente en los estadios le ha hecho perder su pasión por el mundo del fútbol. Donde me parece incluso patético es en la relación con su ciudad: ya no es capaz de soportar Milán tal y como ahora es; pero no puede ni imaginar irse a vivir a otra parte.

Desde que se vio envuelto en el descubrimiento del quinto evangelio, considera su obligación el interesarse de vez en cuando por la problemática religiosa y ojear alguna publicación católica. Y como me considera uno de los más grandes teólogos de nuestro tiempo (sólo somos dos los que pensamos así), de vez en cuando me propone alguna cuestión, poniéndome muchas veces en apuros. A la cabeza le vienen ideas de lo más variado, que además de poco plausibles son lógicamente inconsistentes.

Por ejemplo, un día me preguntó (después de haberse asegurado que no lo oían ninguna de sus dos nietas que estudian ciencias políticas en la Católica): "Si los hombres y las mujeres deben hacer exactamente las mismas cosas −como dice hoy todo el mundo, incluso los sacerdotes− ¿por qué el Señor los ha creado diferentes?" Conseguí salir del apuro un poco como Pilato, diciéndole que escribiera al teólogo de la revista "*Famiglia Cristiana*".

Otro día me dijo: «¿Por qué estos frailes que imprimen los libros escriben siempre iglesia católica en minúscula y después escriben con mayúsculas en la misma página Consejo Presbiteral o Sindicato?». Intenté explicarle que eso se debía a la eclesiología de comunión y a la necesidad de combatir el peligro del eclesiocentrismo. Creo que no le convencí.

Finalmente, la pregunta que más me puso en dificultades fue: «Si es verdad que han sido creados a imagen y semejanza de Dios, ¿por qué los hombres son tan estúpidos?».

Le respondí, cambiando totalmente de tema, que era mejor no hacerse demasiadas preguntas, que a nuestra edad debemos más bien preocuparnos de comenzar a vivir en gracia de Dios; que nuestra bella aventura humana está llegando ya a su conclusión y debemos estar más decididamente en espera del reino de los cielos.

Me miró con lágrimas en los ojos y ya no me dijo nada. Me pareció entender que, en vez del Reino de los cielos, él habría preferido que le pudiera garantizar volver a vivir –quizá pobremente, como vivíamos entonces– en el Milán de nuestra juventud.

Card. Giacomo Biffi
Bolonia, 6 de enero de 1994

UNA LLAMADA A LA PRUDENCIA

La lectura de este texto presenta algunos riesgos. Cuando se recurre a la ironía, como se hace en este libro, uno no deja de preguntarse si quizás no va a ser malinterpretado.

La ironía, dicen los diccionarios, consiste en disimular el propio pensamiento con palabras que significan lo contrario de lo que se quiere decir, aunque en un modo que da a entender el verdadero significado.

Quien utiliza este recurso retórico necesariamente queda a expensas de la inteligencia del lector. Pero cuando el lector es perspicaz, creo que se puede uno sentir tranquilo.

Las páginas precedentes –escritas veinte años después, como dice el título– nos recuerdan las razones pastorales, el contexto y las primeras peripecias de esta minúscula publicación, y pueden ayudar a comprenderlo. Al final se cuenta lo que pasó con el comendador Migliavacca, dando por supuesto que se conoce la historia anterior.

Tengo la impresión de que la actualidad de *El quinto evangelio* no ha disminuido. Si miramos a la Cristiandad de hoy, tengo más bien la impresión de que se ha acrecentado. Sea como fuere, el haberlo escrito no está aún entre mis remordimientos.

Card. Giacomo Biffi
Bolonia, 10 de enero de 2007

EL QUINTO EVANGELIO

1

Y cayendo de rodillas lo adoraron; después, abriendo sus cofres, le ofrecieron regalos: oro, incienso y mirra. Pero dijo José: El oro no lo podemos aceptar, porque es signo de riqueza y contamina a quien lo da y a quien lo recibe.

Y cayendo de rodillas lo adoraron; después, abriendo sus cofres, le ofrecieron regalos: oro, incienso y mirra (Mateo 2,11).

El episodio de los Magos nos describe el camino espiritual de los hombres cultos que, perdidos en la contemplación de sus quimeras y enredados en la enmarañada selva de sus razonamientos llegan a Belén después de los demás, cuando todo ha pasado ya.

Con todo llegan, porque en la cabaña hay sitio para todos, incluso para algún que otro intelectual.

También este evangelio –como el de Mateo– calla sobre los otros Magos, que siguieron una estrella equivocada y llegaron unos al palacio del imperio celeste, otros al Negus de los Etíopes, y perdieron así la oportunidad de pasar a la historia.

Distraídos, trastornados, prontos siempre a cualquier torpeza en el terreno práctico, escogen para el rey de los Judíos los regalos menos oportunos. Por un lado, la mirra –que servía para embalsamar los cadáveres– era de pésimo gusto para un recién nacido: no está bien suscitar pensamientos de muerte allí donde acaba de florecer la vida.

Por otro lado el incienso, que inaugura el uso en el cristianismo de un elemento propio de las cortes y de los templos orientales, marcó el comienzo del triunfalismo litúrgico y eclesiástico, que todos desaprobamos.

Pero con el oro, estos obtusos personajes han sobrepasado todo límite previsible. ¿Cómo? El Hijo de Dios nace en un establo, se rodea de cabreros y vaqueros, queriendo así manifestar su voluntad de fundar la Iglesia de los pobres, y hete aquí que llegan estos señores a contaminar con su riqueza la austera pureza de este cuadro. Ante la mirada estupefacta de la mula y el buey, comenzaba la Iglesia constantiniana.

¿Puede ser posible que esta Iglesia constantiniana naciera sin que nadie pusiera objeciones? Si nos atenemos al texto de Mateo, parecería que el oro –emblema y fuente de toda corrupción– hubiera sido aceptado tranquilamente por la sagrada familia.

Pero ahora hemos llegado a saber cómo se desarrollaron en verdad los hechos: José, un hombre taciturno y rudo, con dignidad y con calma, pero con extrema firmeza, expresa su desacuerdo explicando su razón última: allí donde hay oro, no pueden estar ni Cristo ni la Iglesia de Cristo.

Este fragmento es tanto más significativo cuanto nos refiere la única frase del carpintero de Nazaret de la que tenemos noticia: pocas palabras que valen como enteros decretos conciliares.

Y los magos, con la hilarante inconsciencia de los académicos cuando se aventuran en el mundo de los hombres, se volvieron por otro camino, sin sospechar siquiera el desaguisado que habían provocado a la historia universal.

2

Juan decía a la multitud: Quien no tenga una túnica, que se la quite al que tiene dos, y quien no tiene para comer, que haga lo mismo. Y a los publicanos: Dejad a los hijos de Satanás el dinero de Satanás. A los soldados les decía: Arrojad el escudo y la lanza, porque el mero hecho de llevar los aparejos de la guerra os hace partícipes del pecado de Caín.

La gente le preguntaba: «Entonces, ¿qué debemos hacer?». Él contestaba: «El que tenga dos túnicas, que comparta con el que no tiene; y el que tenga comida, haga lo mismo». Vinieron también a bautizarse unos publicanos y le preguntaron: «Maestro, ¿qué debemos hacer nosotros?». Él les contestó: «No exijáis más de lo establecido». Unos soldados igualmente le preguntaban: «Y nosotros, ¿qué debemos hacer?». Él les contestó: «No hagáis extorsión ni os aprovechéis de nadie con falsas denuncias, sino contentaos con la paga» (Lc 3,10-14).

Este es un fragmento iluminante, liberador. Nosotros, los cristianos, hemos estado siempre paralizados en nuestro deseo de ayudar al mundo moderno, no sólo por las palabras de Jesús, sino también por las de Juan.

Aquí, en cambio, el mensaje del Bautista aparece bajo una luz totalmente distinta, y su misma figura, tan descuidada en su vestuario y tan irrespetuosa de las normas de la vida burguesa, se nos hace simpática y más cercana.

"El que tenga dos túnicas, que comparta con el que no tiene". La ingenuidad de esta propuesta denota, entre otras cosas, una absoluta falta de sentido del ridículo, salvo que lo consideremos una ocurrencia. Si estos son los remedios propuestos por el cristianismo para la injusticia en el mundo, sería mejor cambiar de médico. Mas he aquí que dscubrimos que hay que darle la vuelta a todo. Y entonces la norma se hace clara, sensata, razonabilísima.

La exhortación posterior de Juan a los recaudadores para que sigan en su posición servil hacía del Bautista una de las figuras más antipáticas de la historia. ¿Qué revolucionario es éste, tan integrado que apoya incluso la fiscalidad estatal? La respuesta que se nos da aquí, en cambio, deja contentos a todos: a los que quieren subvertir una sociedad injusta, que así la pueden golpear en su punto más sensible; a los "hijos de Satanás", a los cuales se les permite disfrutar tranquilamente de su dinero; y a los publicanos, que se irán a buscar un trabajo menos comprometido.

Finalmente, a los objetores de conciencia. No podían explicarse cómo el propio Bautista, que por otra parte era un personaje muy próximo a sus ideales, pudiera salirse con esa aceptación acrítica de la vida militar. ¿Cómo apelar al Evangelio, si el mismísimo precursor había exhortado a los soldados a seguir siendo soldados, sin ni siquiera darse cuenta de las graves cuestiones morales implicadas en sus palabras? También a ellos este fragmento dará no poco alivio.

Después, llevándole a lo alto, le mostró en un solo instante todos los reinos del mundo. Y el diablo le dijo: «Yo te daré el poder y la gloria de todo esto, porque a mí me ha sido dado, y yo lo doy a quien quiero. Si tú te postras ante mí, todo será tuyo».

Respondiendo Jesús, le dijo: «Aparte de la pretensión de adorarte, esta tercera propuesta me conviene. Yo tomo bajo mi dominio los reinos de la tierra, para que donde haya miseria yo lleve alegría; donde haya injusticia yo lleve justicia; donde haya esclavitud y opresión yo lleve libertad, y haya paz en la tierra para todos los hijos del hombre».

Después, llevándole a lo alto, el diablo le mostró en un instante todos los reinos del mundo y le dijo: «Te daré el poder y la gloria de todo eso, porque a mí me ha sido dado, y yo lo doy a quien quiero. Si tú te arrodillas delante de mí, todo será tuyo». Respondiendo Jesús, le dijo: «Está escrito: "Al Señor, tu Dios, adorarás y a él solo darás culto"»
(Lc 4, 5-8).

Este modo de concluir el episodio de las tentaciones nos parece mucho más inteligente que el referido por la tradición sinóptica. Nuestro Señor se revela como un hombre muy sensato, que por el bien de la humanidad sabe dejar a un lado las cuestiones formales.

¿Por qué renunciar al dominio de los reinos de la tierra, para luego afanarse en conquistar el mundo con la misión de los apóstoles y la fundación de la Iglesia? Una vez que todo el poder es de Cristo, también la cristianización resulta más fácil.

En la versión común, la conducta de Jesús se parece a la de un partido justiciero y revolucionario que rechazase la oferta de asumir pacíficamente el gobierno y se obstinase en preferir la senda larga, oscura y sin esperanza de las conspiraciones.

Estaba, ciertamente, la poca respetabilidad del que hacía la oferta. Pero si a caballo regalado no se le mira el diente, se le debe mirar todavía menos al que nos regala el caballo. Sobre todo por un fin excelente, como el que aquí se enuncia. Por otra parte, Jesús no cede en absoluto a las pretensiones del demonio y no se pliega en adoración. Es cierto que Satanás, como buen comerciante, ha intentado conseguir el precio más alto. Pero no insiste, no es mezquino: le basta que

Jesús se convierta en el dominador político de los hombres; incluso gratis; incluso por un fin verdaderamente santo.

Pero surge un problema: ¿es posible apoderarse del poder terrenal sin convertirse en adoradores de Satanás? Desde el punto de vista puramente literario, la respuesta del Señor nos parece un poco retórica. "Paz, justicia, libertad": son palabras que nos parecen ya carentes de contenido. Pero hay que decir que en aquellos tiempos, que no conocían ni las peroratas dominicales de los parlamentarios ni los mensajes de los jefes de estado, estos términos quizá conservaban aún cierto significado.

4

Juan clamó: Este es el león de Judá, este es el que trae la justicia a este mundo.

Al ver Juan a Jesús que venía hacia él, exclamó: «Este es el Cordero de Dios, que quita el pecado del mundo» (Jn 1,29).

Aquí nos encontramos con un cambio de animal significativo: el león sustituye al cordero, y todo el evangelio queda innegablemente mejorado.

Sin duda, el evangelista Juan no debe haber comprendido bien. El Precursor había descrito al Mesías que venía con rasgos más fuertes: había hablado del hacha que está tocando la raíz, de aventar la parva para purificarla, de fuego. En consecuencia la imagen del cordero parece decididamente fuera de tono.

Mucho mejor el león. Como dice el refrán italiano, "es mejor vivir un día como león que cien como oveja". O también, "a quien se hace oveja, el lobo lo devora", como dice otro refrán. Y los refranes expresan la sabiduría universal, como una especie de revelación informal de la Palabra, que sólo un exceso de clericalismo podría pretender ignorar. Tanto más que también el león es un animal bíblico y el mismo evangelista, como arrepintiéndose de lo que escribirá en el cuarto evangelio, en el Apocalipsis exclama de Cristo: "Ha vencido el león de la tribu de Judá".

Algún espíritu superficial podría no entender la cuestión en toda su gravedad: el cordero y el león serían igualmente animales, todos destinados –según el profeta Isaías– a pacer en el mismo prado.

Pero el cambio de animal resulta decisivo. Alzando el estandarte del cordero, el cristianismo se ha dedicado a balar su nostalgia de justicia en medio de una caterva de avasalladores, dejando a fin de cuentas todo igual. En un mundo de lobos, ¿qué necesidad había de enseñar a los hombres a ser corderos? ¿Quién se habría beneficiado sino los lobos?

A los oprimidos, a los hambrientos, ¿que podría importarles un redentor que tomara sobre sí los pecados y los cancelara? No son las culpas, sino la miseria y la desigualdad lo que ellos no pueden soportar solos y quieren quitarse de encima.

Pero ahora nuestra esperanza renace con el "león de Judá".

5

Jesús comenzó a anunciar el evangelio y a decir: se ha cumplido el tiempo y está cerca el reino. Haced que hagan penitencia y creed en el Evangelio.

Jesús se marchó a Galilea a proclamar el Evangelio de Dios; decía: «Se ha cumplido el tiempo y está cerca el reino de Dios. Convertíos [haced penitencia] y creed en el Evangelio» (Mc 1,14-15).

El "haced penitencia" en los evangelios convencionales no es tanto una exhortación a mortificarse, cuanto una invitación a convertirse. La "penitencia" evangélica es una inversión de la mentalidad.

Es como decir: el Reino que está cerca es el mundo del revés; lo que era pequeño, en el reino es grande; lo que era grande, en el reino es pequeño; lo que era secundario es ahora prioritario, etc... De modo que el que quiera conseguir entrar por la puerta estrecha del reino, debe transformarse de arriba a abajo: entonces entrará derecho en una ciudad donde todo está vuelto del revés.

Esta idea de la "penitencia" es aceptada por el quinto evangelio, con una sutil diferencia: "Haced que hagan penitencia". Ya no se trata de ejercitarla hacia el interior del hombre, sino hacia el exterior. Nadie puede negar que de este modo el esfuerzo de invertir las cosas resulte más fácil y más eficaz.

Si se trata de "cambiar la mente", es mucho mejor cambiar la de los demás. El pulso es más firme, el corazón es más decidido cuando se trabaja sobre la mente ajena. Porque si esperamos a que cada uno cambie la propia, el viejo mundo nunca será desmantelado.

Este brevísimo fragmento basta, él solo, para salvar el mensaje de Jesús ante nuestros contemporáneos. Nosotros nos ejercitamos –en nuestras reflexiones, en nuestros proyectos, en nuestras elecciones– sólo en vista de reivindicar nuestros derechos. Al fin y al cabo, ya se encargan los demás de recordarnos nuestros deberes. Y este es el modo en el que educamos a nuestros hijos. Por ello no estamos ya acostumbrados a entonar el "mea culpa": el arrepentimiento es una flor exótica que ya no puede arraigar en nuestro jardín.

¿Debemos por tanto renunciar a esta idea cristiana fundamental? Empezábamos a temer que fuera así, hasta que hemos tenido la fortuna de leer: "Haced que hagan penitencia". Así la conversión es todavía predicable. Incluso el rito del "mea culpa" –este pintoresco residuo del monaquismo medieval– se puede salvar. Basta con golpear el pecho del vecino. La mano no temblará y los golpes serán más vigorosos y precisos. A la luz de esta nueva enseñanza se podrá proponer una variante de las prácticas ascéticas cotidianas. En lugar del acostumbrado examen de nuestra conciencia –costumbre propia del cristianismo individualista–, proponemos el "examen de conciencia de la Iglesia". Con humildad y con gozo, cada noche la reconoceremos pecadora, haremos para el día siguiente el propósito de cambiarla en lo que nos permitan, y así podremos abandonarnos serenos al sueño del justo.

6

Le dice Simón: «Maestro, ¿No te retiras nunca a un lugar solitario para orar?». Respondió Jesús: «Mi oración es trabajar por los demás, mi soledad es quedarme en medio de la muchedumbre».

Se levantó de madrugada, cuando todavía estaba muy oscuro, se marchó a un lugar solitario y allí se puso a orar. Simón y sus compañeros fueron en su busca y, al encontrarlo, le dijeron: «Todo el mundo te busca» (Mc 1,35-37).

La escena de Jesús que de vez en cuando se aleja de la gente e incluso del grupito de los apóstoles para gustar en el refugio de la oración y de la meditación la plenitud de su comunión con el Padre podía dar lugar a algún malentendido. En primer lugar, parecía constituir un argumento en favor de la oportunidad del silencio –exterior e interior– para buscar a Dios y escuchar su voz. Es como si la voz de nuestros hermanos no fuese para nosotros la voz de Dios; incluso el grito ronco o la cantinela lastimera del cupletista, el clamor de la multitud que reclama justicia por las calles, las historietas insulsas de nuestros compañeros de viaje. El silencio –esta horrible revelación del vacío– no puede ser para las personas normales de hoy en día.

Pascal se engañaba: no es sólo el silencio de los espacios infinitos el que nos asusta. Es también aquél –escaso y por fortuna en diminutos fragmentos– de nuestro pequeño mundo.

Además está el equívoco de la "contemplación": hoy en día todos se avergüenzan justamente de ella, incluso las así llamadas órdenes contemplativas. Nadie debe evadirse. ¿No es un poco por comodidad que uno desvía los ojos de la tierra para mirar al cielo? Es tan cómodo que uno se sorprende de que sean tan pocos los que lo quieren.

El Dios del cielo es un residuo de mitología. Dios se ha encarnado en cada esquirla de nuestro existir cotidiano como hombres: hay que buscarlo ahí. El trabajo, la lucha, la discusión, todo lo que nos sumerge en la multitud nos pone en contacto con Dios: esta es la oración sustancial.

Simón revela una mentalidad netamente posttridentina: «¿No vas nunca a un lugar solitario para rezar?». Pero nosotros hemos comprendido que la religión no es una egoísta relación personal con el

Creador, sino la fusión total del individuo con la comunidad: lo importante es estar juntos, es el ser muchos, es el no cansarnos de repetirnos unos a otros las mismas convicciones. El que se calla está perdido: terminará por ser presa de la duda o incluso de alguna crisis de misticismo.

"¡Somos grandes, somos libres, somos extraordinarios. Somos los animales más extraordinarios de la jungla! Lo decimos todos, por tanto debe ser verdad", gritan los Bandar-log. Alguien podría maliciosamente ver representada en este pasaje del *Libro de la Selva* una moderna asamblea de pensadores cristianos. Nosotros —dejando a un lado toda ironía— pensamos que los Bandar-log, precisamente porque son simios, se muestran aquí muy cercanos a los humanos y a su conmovedor intento de traspasar el vacío en el que se encuentra inmersa, viviendo en un modo más nuevo e intenso la vida de la comunidad, dentro de la cual cada uno puede sentirse de verdad grande, libre, extraordinario.

Lo importante es no quedarse nunca, ni siquiera por un instante, solo y en silencio. Correría uno el riesgo de empezar a pensar.

7

«Yo os haré pescadores de hombres». Le dicen los hijos de Zebedeo: «¿Debemos entonces dejar nuestras redes, nuestra barca y a nuestro padre para seguirte?» Pero Jesús dijo: «No sabéis lo que decís. Si os alejáis de los hombres, ¿cómo podéis pescarlos?».

«Venid en pos de mí y os haré pescadores de hombres». Inmediatamente dejaron las redes y lo siguieron. Un poco más adelante vio a Santiago, el de Zebedeo, y a su hermano Juan, que estaban en la barca repasando las redes. A continuación los llamó, dejaron a su padre Zebedeo en la barca con los jornaleros y se marcharon en pos de él (Mc 1,17-20).

El texto de Marcos marca el comienzo del clericalismo. Aquellas redes abandonadas están más llenas de desgracias que de peces. Los apóstoles con las redes habrían sido hermanos entre los hermanos; los apóstoles sin las redes se han convertido en una casta: es innegable, a orillas del lago de Genesaret nacen el "clero" y, por oposición, los "laicos". Si sus hijos que se bajan de la barca se convierten en "sacerdotes", Zebedeo que se queda en ella se convierte en el iniciador del estado laical, y por ello merecería ser proclamado su patrón.

Y esto es lo que ha ocurrido, al menos en lo sustancial: los apóstoles que acompañan a Jesús por las montañas de Judea no se llevaron con ellos los *aparejos* de pesca y tampoco se esforzaron por encontrar otro trabajo decente. Pero resulta enormemente interesante saber que Jesús declinó la responsabilidad de este comportamiento.

El "apóstol" −esta es su verdadera idea− no debe abandonar su propio oficio porque no debe separarse de los demás hombres. Los doce lo hicieron, y aparecen siempre como un grupo separado en la narración del evangelio, aunque contra el parecer de Cristo. Puede que ellos se clericalizaran como consecuencia de su propia pereza, de la cual tenemos otro claro indicio: la decisión que nos cuenta el libro de los Hechos de no mezclarse con los hermanos ni siquiera para ayudar a servir las mesas, que tampoco era un trabajo excesivo, porque querían quedarse aparte para dedicarse *a la oración y al ministerio de la palabra* (Hch 6,2-4).

¿Cómo ha podido permitir Jesús esta tergiversación de su pensamiento?

Por su visión de futuro: él sabía que –aunque fuera después de muchos siglos– algunos descubrirían cuál fue su verdadera intención, y por fin se superaría el clericalismo de los hijos de Zebedeo.

También por su amor a la paz: los apóstoles, con su falta de tacto, podrían haberle echado en cara su abandono del taller de carpintero, y se habría producido una discusión embarazosa.

8

En aquel tiempo Jesús pasó toda la noche presidiendo la discusión de la asamblea de los discípulos para elegir a los doce apóstoles. Decía: Ninguno puede verdaderamente representar a los otros hombres si no ha sido elegido por ellos. Después llamó junto a sí a aquellos que la asamblea había señalado.

En aquellos días, Jesús salió al monte a orar y pasó la noche orando a Dios. Cuando se hizo de día, llamó a sus discípulos, escogió de entre ellos a doce, a los que también nombró apóstoles (Lc 6,12-13).

Jesús subió al monte, llamó a los que quiso y se fueron con él. E instituyó doce para que estuvieran con él y para enviarlos a predicar (Mc 3,13-15).

Los pasajes de Lucas y Marcos, en los cuales la elección de los apóstoles parece como llovida de lo alto sin consulta alguna a la comunidad, son responsables de una de las más perniciosas enfermedades que han afligido durante siglos a la cristiandad: el autoritarismo.

«Como el Padre me ha enviado, así os envío yo». Convencidos de esta investidura mística, ¿cómo podrían los obispos resistir a la tentación de confundir su propio cerebro con la bóveda celeste y sus propios pensamientos con auténticas revelaciones del Espíritu de Dios? Nació así en los pastores de la Iglesia la costumbre de no pedir el parecer de ninguno, a excepción del de aquéllos que presumiblemente estarían totalmente de acuerdo con su propia opinión: un estilo que, a pesar de las apariencias, se practicaba por igual en todos los niveles de la jerarquía, desde los simples capellanes hasta el sumo pontífice.

Es verdad que las aplicaciones equivocadas de un principio no constituyen de por sí un argumento probativo contra la bondad y la verdad de ese principio, como tampoco se eliminan las prerrogativas sólo por el temor a un ejercicio abusivo de las mismas. De otro modo, tampoco se podrían dejar a los hombres ni la lengua ni los órganos de la reproducción.

Sin embargo, nuestro fragmento prefiere atacar el mal desde la raíz, canonizando por vez primera el método asambleario en la elección de los hombres en la Iglesia. Alguien autorizado ha observado que la inteligencia de una asamblea es inversamente proporcional al número de los participantes: las más disparatadas decisiones de los dictadores de cualquier color –que han sido siempre los más fanáticos defensores del método asambleario integral– han obtenido la aprobación frenética de multitudes ingentes, anónimas e irresponsables, que a la hora de asumir responsabilidades han desaparecido de manera misteriosa. Pero no es nuestro caso. Aquí se trata de la comunidad que está bajo la acción del Espíritu de Dios y que por tanto posee sus carismas.

Más bien, es toda una nueva eclesiología la que se impone a partir de este quinto evangelio: es la comunidad la que directamente recibe el mandato de evangelizar y santificar, y no los doce. O mejor, los doce enviados por la asamblea, la representan y realizan sus misiones en nombre y por la autoridad de todos los hermanos. Propiamente hablando son "apóstoles" no de Cristo, sino de la "ekklesía", que igual que confiere la misión puede también revocarla. La visión "piramidal" queda netamente superada. La idea "aristocrática" del tejido de las diversas "misiones" que estructuraría la Iglesia según el esquema antiguo (el Padre envía al Hijo, el Hijo envía al apóstol, el apóstol envía al obispo, el obispo da origen a la comunidad: idea insostenible después de la Revolución francesa), queda sustituida por una concepción más democrática y moderna.

Queda la incongruencia de Jesús, el Apóstol por excelencia, que habiendo sido enviado por el Padre no parece deducir la propia misión de la asamblea de los fieles. Pero debemos esperar en el progreso de los estudios teológicos: ¿quién nos dice que no exista también un sexto evangelio, escondido en alguna gruta del Mar Muerto, que un día nos permita corregir también esta anomalía?

Vosotros sois una ciudad escondida y una luz puesta bajo el celemín. Que vuestra luz no luzca ante los hombres, sino que brille sólo ante vuestro Padre que está en los cielos.

Vosotros sois la luz del mundo. No se puede ocultar una ciudad puesta en lo alto de un monte. Tampoco se enciende una lámpara para meterla debajo del celemín, sino para ponerla en el candelero y que alumbre a todos los de casa. Brille así vuestra luz ante los hombres, para que vean vuestras buenas obras y den gloria a vuestro Padre que está en los cielos (Mt 5,14-16).

El problema de la Iglesia y de su condición entre los hombres es uno de los más vivos en la teología de nuestro tiempo. Los dos últimos concilios ecuménicos lo han convertido en el tema central de su doctrina.

Lo único es que tenemos la impresión de que las dos páginas de la historia de la Iglesia están cambiadas de sitio. El Concilio Vaticano primero, que aún podía contemplar la existencia de un "pueblo de Dios" creyente en Cristo y sometido a su ley al menos intencionalmente, elaboró su eclesiología a partir del concepto de "signum levatum inter gentes". En nuestros días, cuando la Iglesia puede esperar como mucho ser un "signo" –una voz enérgica, un inesperado y claro letrero indicador– para una humanidad que ha perdido al mismo tiempo la fe y la conciencia de su destino, el Vaticano segundo ha hablado de "pueblo de Dios". Quizá en la orquesta celestial ha habido alguna confusión entre las partituras.

En realidad, ambos concilios se han quedado fuera de juego. Pero sin culpa de ninguno, pues este quinto evangelio, por misteriosa carambola de la Providencia, no se ha encontrado hasta esta época postconciliar.

Por tanto, la Iglesia no es ni un pueblo ni un signo.

No es un pueblo, porque al margen de los pequeños grupos no hay Iglesia, sino sólo una entidad abstracta que hasta ahora ha usurpado ese nombre. *Donde no haya más de dos o tres reunidos en mi nombre, yo estaré en medio de ellos*

–dijo Jesús: estamos seguros de ello, aunque lamentablemente esta variante de Mt 18,20 no ha sido hallada entre los papeles de Migliavacca. Nada de una ciudad sobre el monte: la Iglesia es esta red subterránea de comunidades microscópicas que se reúnen a discutir con mucha franqueza y mucha fe si el Señor ha resucitado o no. La otra, la de las catedrales, no es la Iglesia, son los restos fosilizados de una cristiandad ya extinguida.

Y no puede ser un "signo". Debería resaltar, gritar su mensaje sea o no escuchado, hacer notar continuamente su presencia. Debería vestir no sólo a los sacerdotes y las monjas, sino a todos los bautizados con un vestido distinto que impacte, invite a reflexionar y evoque recuerdos. Debería construir iglesias y hasta campanarios, aunque sólo fuera para recordar la idea del Reino y de una vida distinta de ésta.

Pero habría dos inconvenientes. El primero, gravísimo, es que para ser un "signo" debe distinguirse del mundo, de sus convenciones, de sus gustos, y alguna que otra vez hacer frente a ellos. El segundo sería poner en peligro su humildad y su amor a lo escondido, arriesgándose a llegar a la ostentación y el triunfalismo.

Mejor es quedarse bajo el celemín. Tiene por lo demás la ventaja de que uno no nota ninguna diferencia cuando el candil se apaga.

10

El que está contra
nosotros, está a favor
nuestro.

*El que no está
conmigo está contra
mí* (Mt 12,30).

*El que no está
contra nosotros está a
favor nuestro*
(Mc 9,40).

Hay una cierta confusión, como se ve, ya en los evangelios canónicos. Mientras el aforismo de Mateo denota una actitud de intransigencia y de maximalismo propio de la Contrarreforma, el texto de Marcos citado se formula con la amplitud de espíritu propia del Concilio Vaticano II.

Lucas, que tiene vocación de pacificador, con buen criterio refiere ambas, dejando a sus lectores la tarea de encontrar la justificación lógica de su compatibilidad (Lc 9,50; 11,23).

Pero llega el quinto evangelio y cualquier intento de concordismo se revela totalmente inútil.

¿Quién sirve mejor al Reino?

¿Aquéllos que viviendo desde dentro la vida de la Iglesia se dejan convertir por la fuerza persuasiva y transformante de la Palabra de Dios; mantienen despierta la espera del encuentro con el Señor, y se esfuerzan por vivir cada día, en el silencio y la ocultación, una vida de amor a Dios y a los demás, persuadidos de que el mejor regalo que pueden hacer a los hombres es su misma existencia cristiana, que se convierte en una luz para los alejados, paz para los inquietos, inquietud para los satisfechos? ¿O bien los cristianos "anónimos", aquéllos que desde fuera trabajan sin saberlo por la causa de la verdad y de la justicia, con honestidad, con desinterés, con sincero deseo de búsqueda?

Ni los unos ni los otros, nos dice nuestro fragmento. La cuestión está superada. Los más eficaces artífices del Reino son lo que lo destruyen desde dentro. Aquellos que combatiendo e incluso ridiculizando la fe de los sencillos, les obligan a hacerse adultos; aquéllos que, luchando contra toda estructura y cualquier autoridad, imponen a todos un saludable estado de incertidumbre, de desconcierto, de una angustiosa perplejidad, muy lejos de toda serenidad ilusoria y antievangélica; aquéllos que saben descubrir el mal en la propia casa incluso cuando es escaso, sin dejarse ilusionar por lo bueno incluso cuando es abundante.

Es verdad: es una misteriosa y válida ley del espíritu, que sólo llegan a percibir el mal en los demás aquéllos que en su propio corazón tienen una experiencia insuficiente del bien. Bendita por tanto la viga que está en nuestro ojo, si precisamente ella nos permite encontrar la más pequeña pajilla en el ojo de la Iglesia, y proceder sin sentimentalismos a la corrección de esta indócil madre nuestra.

Ya se sabe: la educación de los padres es la tarea más difícil, pero también la más meritoria. Y será también la mejor recompensada. Cristo sin duda nos estará agradecido por nuestra capacidad de encontrar arrugas en el rostro de su esposa, y en el momento oportuno no dejará de manifestarnos sensiblemente su gratitud.

11

Te doy gracias, Padre, porque has querido revelar los misterios del Reino a los estudiosos y a los inteligentes, que así se los podrán explicar a los sencillos.

Te doy gracias, Padre, Señor del cielo y de la tierra, porque has escondido estas cosas a los sabios y entendidos, y se las has revelado a los pequeños (Mt 11,25).

La importancia de este fragmento está en el hecho de que fundamenta el "estatus" de los teólogos profesionales en la Iglesia; estatus que hasta ahora no tenía un fundamento bíblico evidente.

Que los doctos y los inteligentes de los que se habla aquí son los docentes de la "sagrada doctrina" está fuera de discusión. ¿Qué otras personas podrían ser calificados así? No ciertamente los obispos que, aunque no les falta inteligencia, por humildad no la sacan a relucir con demasiada frecuencia, y tienen la cultura entre los hermosos recuerdos de su juventud.

Por otra parte, si ni siquiera se les pudiera atribuir esta referencia evangélica, ¿cómo podrían los teólogos reivindicar la más sacrosanta de sus libertades, la del Magisterio, sin la cual acabarían por confundirse con los fieles?

Los teólogos intentan quizás apoyarse en otros pasajes, como la exhortación de Pablo a Timoteo de predicar la palabra "a tiempo y a destiempo", es decir, cuando es apropiado y cuando es inapropiado [cf. *Concilum*, ed. italiana, año 5, fasc. I, 1969]. Pero lo hacen ilegítimamente, porque el derecho de hablar cuando no es apropiado ha sido siempre una prerrogativa episcopal: Timoteo está sin duda investido por el carisma apostólico.

La Revelación, se nos dice, desciende desde los teólogos hasta los "simples". Se aclara de este modo que los "maestros" a quienes se han confiado los misterios del Reino −aunque tienen la obligación de ir a la escuela de todos los pensadores ajenos a la fe para evitar el peligro de enrocarse en su ciudadela inexpugnable y constituir como un cuerpo extraño en nuestra sociedad actual− no deben preocuparse en absoluto por las opiniones del pueblo cristiano devoto, aquel, para entendernos, que viene todavía a misa el domingo y cree en los ángeles custodios.

Será más bien el pueblo cristiano devoto el que deberá estar atento a la continua auto-superación del pensamiento teológico y a seguirlo lo mejor que pueda.

Como se ve, la verdad desciende gradualmente, según un orden preestablecido, en el pueblo de Dios.

12

Se os había dicho: todo el que mira a una mujer con deseo impuro, ya ha cometido adulterio con ella en su corazón. Pero ahora yo os digo: No hay que exagerar. La mujer está hecha para el varón y el varón para la mujer. Siempre, claro está, que todo se haga por amor.

Habéis oído que se dijo: «No cometerás adulterio». Pero yo os digo: todo el que mira a una mujer deseándola, ya ha cometido adulterio con ella en su corazón (Mt 5,27-28).

Este es el único fragmento que, remitiéndose explícitamente a un *logion* recogido por los evangelios tradicionales, lo supera para llegar a una visión más profunda y tranquilizadora.

Y es una fortuna incalculable que se haya descubierto. El sermón de la montaña en la forma que presentaba hasta ahora podía ser propuesto a una sociedad prefreudiana, no a la nuestra, que finalmente tiene las ideas claras sobre el hombre y la mujer: sabe que el sexo es una realidad tan simple e inocente que no merece la atención obsesiva que desde siempre le ha prestado la moral común; y al mismo tiempo es una fuerza tan arrebatadora y fundamental para el hombre, que debe absorber y marcar invenciblemente cada uno de sus pensamientos, cada uno de sus impulsos, cada momento de su vida.

Con divina inteligencia, Jesús no ataca en este texto el impulso sexual desde fuera para reprimirlo con normas objetivas, sino que busca fermentarlo desde dentro, haciendo de él esencialmente una expresión de amor y por tanto un encuentro personal, donde es irrelevante la naturaleza de lo que se hace, porque todo se valora desde la capacidad de comunión que está inscrita en la mutua atracción y en la recíproca donación.

De este modo se llega a la perfecta libertad interior, que lo permite todo, excepto la hipocresía o la debilidad de sentirse constreñidos por compromisos, por vínculos, por consideraciones externas al impulso del amor.

Una libertad donde se debe saltar por encima de toda timidez con una audacia auténticamente evangélica: de modo que si tu ojo derecho no ve bien, tú mira con el izquierdo, y si tu mano derecha es demasiado cauta, que actúe la izquierda.

No obstante, señala agudamente el Maestro, "no hay que exagerar". En el texto la invitación está dirigida a los puritanos y a los inhibidos. Pero nosotros, con el equilibrio que nos caracteriza, lo extendemos también a la otra vertiente: para una sana actividad sexual, aunque no esté bloqueada por inútiles moralismos, una cierta moderación es saludable.

13

Si uno repudia a su mujer y se casa con otra –excepto si la primera se ha afeado a sus ojos– comete adulterio. El que después se casa con la divorciada realiza un verdadero acto de caridad.

Si uno repudia a su mujer y se casa con otra, comete adulterio contra la primera. Y si ella repudia a su marido y se casa con otro, comete adulterio (Mc 10,11-12).

Albergamos ciertas dudas acerca de la autenticidad de este fragmento. En todo el quinto evangelio Jesús aparece como un hombre de extraordinaria amplitud de miras, pero todo tiene un límite. Aquí se defiende no sólo el divorcio, sino incluso el amor libre. También la referencia a la reina de las virtudes, la caridad, parece al menos sorprendente en este contexto.

Por tanto nos parece legítima la sospecha –aunque no hay ningún argumento de crítica textual que nos dé razones para aceptarla– que estas líneas hayan sido introducidas por un copista malintencionado, con el fin de desacreditar todo nuestro valioso manuscrito. Sin embargo, sea o no obra de un falsario, este brevísimo pasaje tiene, al menos en lo que respecta al divorcio, el valor de la limpidez.

En nuestra opinión, las posiciones verdaderamente lógicas en torno a este tema son dos. O se acepta que la unión esponsal crea entre los contrayentes una unidad viva que toca las raíces profundas del ser y subyace intacta a todas las vicisitudes que sobrevengan a lo largo de la vida: "una sola carne", como se expresa la Escritura; y en tal caso es totalmente inútil ir en búsqueda de casos límite o dramáticos que justificarían la división: del mismo modo que no se puede suprimir un nuevo ser al que se ha dado la existencia, así esta "única carne" permanece más allá de la voluntad de los que la han constituido. O no se acepta que este nuevo ser exista, y entonces resulta bastante hipócrita extender la lista de las situaciones que legitimarían el divorcio: no existe ninguna más grave que la falta de amor. Si hay amor, ni siquiera una cadena perpetua o el ingreso en un manicomio de uno de los cónyuges son razones suficientes; si no hay amor, ni siquiera la cadena perpetua o el manicomio podrían hacer que el vínculo sea aún más insoportable de cuanto ya lo es.

En conclusión, si no se quisiera aceptar la idea pre-napoleónica de la indisolubilidad y se decidiese creer a este quinto evangelio, el amor libre sería la única solución genuina, coherente e integral de este problema.

14

El reino de Dios se parece a un hombre que habiendo sembrado su campo no se da descanso, no duerme de noche, no para durante el día, y no se resigna a esperar hasta el tiempo de la cosecha.

El reino de Dios se parece a un hombre que echa semilla en la tierra. Él duerme de noche y se levanta de mañana; la semilla germina y va creciendo, sin que él sepa cómo. La tierra va produciendo fruto sola: primero los tallos, luego la espiga, después el grano. Cuando el grano está a punto, se mete la hoz, porque ha llegado la siega (Mc 4,26-29).

Esta parábola tiene como fin el sacudir de su somnolencia a los pacifistas del reino de Dios, aquéllos que, con el pretexto de la confianza en la Providencia y en la fuerza interior de la Palabra y de los sacramentos, buscan escapar de la angustia y de la inquietud, sentimientos característicos del verdadero cristiano.

En un mundo que se ha vuelto problemático en todo, la búsqueda de la serenidad de espíritu constituye un pecado de egoísmo. En un tiempo que marca sus horas a un ritmo frenético, donde todo es afán, agitación, aprehensión, ansiedad, desasosiego, tormento y aflicción, hablar de paz interior significa separarse culpablemente de la condición humana e incluso ridiculizarla sin sensibilidad.

Por el contrario, el cristianismo añade nuevos y más sutiles motivos de malestar y de zozobra a aquéllos que los hombres tienen por sí mismos y, si se nos permite usar este lenguaje, sublima y exaspera su dramaticidad.

La parábola es además un correctivo admirable a aquella deformación teológica que es el "escatologismo", es decir, la facilidad con la cual uno se pierde en la contemplación del fin del mundo y se dispensa –en vista de la infalible venida del reino de Dios– de buscar resultados inmediatos.

Si prevaleciera ese estado de ánimo, entonces necesariamente la angustia –esta virtud cristiana fundamental, este regalo del cielo a una tierra demasiado tranquila– no conseguiría sostenerse y acabaría sofocada en una placidez indigna de un discípulo de aquél que ha dicho: «No he venido a sembrar paz, sino espada». Afortunadamente esta enfermedad no está hoy muy difundida: gracias a Dios son muy numerosos los apóstoles que no se dan tregua ni a sí mismos ni a los otros, ni de día ni de noche, y se constituyen así en candidatos para el agotamiento y para el infarto, auténticas y meritorias formas de martirio de la vida moderna.

El que es experto en la doctrina del reino de Dios es como un padre de familia que no puede soportar las cosas viejas y tira antes del atardecer lo que ha comprado por la mañana.

Un escriba que se ha hecho discípulo del reino de los cielos es como un padre de familia que va sacando de su tesoro lo nuevo y lo antiguo (Mt 13,52).

Como ocurre con frecuencia con los personajes de las parábolas, también este padre de familia tiene un comportamiento extravagante. Se podría incluso hablar de una verdadera manía, con derecho a un lugar en la lista de los transtornos mentales.

Y sin embargo, bajo este ropaje literario se encuentra una de las más decisivas enseñanzas evangélicas: el cristianismo es la religión de lo "nuevo". En el cristianismo, lo que es viejo queda irremediablemente condenado.

Pero existe una misteriosa ley de la existencia por la cual lo "viejo" y lo "nuevo" no son dos cate-

gorías de la realidad excluyentes entre sí y totalmente incomunicables: es más, lo viejo de hoy es
lo nuevo de ayer, y lo nuevo de hoy será lo viejo de
mañana. Como consecuencia, el culto a la novedad comporta necesariamente la compulsión por
el cambio.

Bien entendido, esta es la prerrogativa de la
juventud espiritual. Quien no cambia se queda
obsoleto, y quien es aún capaz de cambiar es
joven de espíritu; finalmente, quien es incapaz de
no cambiar ha llegado a aquella mentalidad del
niño que concede los lugares más altos en el reino
de los cielos.

No hay que creer que esto valga sólo en el
campo de la moda, del lenguaje, de las esposas,
de los gustos musicales, de las costumbres vita-
les, donde las variaciones expresan sin duda el
florecer de una personalidad. También en el
campo de las convicciones rige la misma ley.

A los antiguos sistemas filosóficos que tosca-
mente clasificaban los conceptos en verdaderos y
falsos, correctos o erróneos, ha sucedido una concepción más sutil, más matizada, y sobre todo más
acorde con la vida –que es un constante fluir que
se horroriza ante cualquier modo de fosilización–
que, al igual que se hace con los huevos, valora el
mérito de las ideas por su grado de frescura.

Surge así en el cristiano "joven" la carrera hacia el último descubrimiento, que es característica de la civilización consumista; carrera afanosa, ya que el último descubrimento de la mañana es el penúltimo de la tarde.

No podemos ocultar una cierta pena por el padre de familia que nos ha servido como punto de partida para estas notas: está tan preocupado por cambiar los muebles que nunca tiene tiempo para sentirse en casa. Siempre dedicado a preparar una vida que nunca llega a vivir.

16

> El reino de los cielos es como un ladrón,
> que entrando de noche en casa de un
> hombre rico, no ve el cofre lleno de
> piedras preciosas y se empeña en forzar
> la caja fuerte en donde, con la primera
> luz del alba, impaciente y exhausto,
> sólo encuentra el testamento del dueño
> de la casa y sus cartas de amor.

Esta parábola que –excepto por la figura del ladrón– es del todo original, no es fácil de entender. Renunciamos por tanto al comentario acostumbrado, rogando al mismo tiempo a los eventuales lectores que nos envíen lo antes posible su exégesis.

El análisis que nuestra comisión de expertos considere mejor será publicado en la segunda edición de este evangelio.

El reino de los cielos se parece a un rey
que ofreció un banquete por la boda de
su hijo al que todos los invitados
respondieron que no iban a asistir.
Entonces se reunió el consejo de la
corona y se investigaron las causas de
este fracaso. Y uno dijo: Los siervos se
han equivocado de hora, deberían haber
buscado un momento más oportuno.
Otro dijo: No debían presentarse con un
traje de bodas, sino vestidos como todos
los demás.
Y un tercero: No han sabido comprender
la mentalidad de los destinatarios y
adaptarse a su lenguaje.
Uno observó: Quizás no vinieron porque
no tenían ganas de venir.
Pero todos se le opusieron.

También renunciamos aquí al acostumbrado
comentario aunque esta vez por la razón contraria.
El sentido de esta parábola es obvio. Nos limita-
mos sólo a una nota crítica respecto de la opinión
del último consejero, quien con espíritu superficial
y ramplón ha propuesto una solución tan simplista
al enigma.

18

El reino de los cielos se parece a un flautista que es invitado a un baile de gente indolente. Toca un tema alegre y nadie baila, toca un motivo fúnebre y nadie llora. Y cuanto más cambia, más se desinteresa la gente de él.

Si estamos en lo cierto, la enseñanza de esta parábola está en neto contraste con cuanto se dice en el fragmento 15.

Nuestro parecer es que estas líneas son el fruto de una interpolación y por tanto no se pueden considerar como parte de este quinto evangelio.

Por esta razón renunciamos a cualquier intento de comentario.

19

El reino de los cielos se parece también a un comerciante de perlas finas, que al encontrar una de gran valor intenta regatear con su precio porque no quiere renunciar ni a la perla ni a su dinero.

El reino de los cielos se parece también a un comerciante de perlas finas, que al encontrar una de gran valor se va a vender todo lo que tiene y la compra (Mt 13,45-46).

Este texto es una inequívoca condena del integrismo y, al mismo tiempo, una presentación más humana del mensaje de Cristo.

El hombre aborrece toda posición exclusiva. Rara vez quiere una sola cosa. Toda pequeña elección supone una gran renuncia, y por ello intentamos evitar tener que elegir. Con frecuencia ni siquiera nos damos cuenta: cualquier acto de la voluntad que se decida por un objeto incluye otros actos, otros objetos, distintos o incluso contrarios. En este sentido la poligamia está mucho más radicada en el misterio del corazón humano de cuanto comúnmente se cree.

Las iniciativas de Dios no siempre tienen en cuenta esta característica de nuestra naturaleza. Todas las desgracias de la humanidad se derivan de la prodigalidad divina. Dios llama al hombre a alturas increíbles, quiere que participe del conocimiento, del amor y de la vida que anima y enriquece desde dentro la naturaleza misma del Creador. Pero nosotros somos gente modesta. A nosotros nos bastaría una pequeña felicidad terrena que mordisquear tranquilamente en un oscuro rincón del universo. Nuestra vocación superior se compatibiliza mal con nuestra mediocridad: las pretensiones del Señor y las limitadas aspiraciones del siervo resultan ser un matrimonio mal avenido.

Quizás en esto consiste el pecado de Adán: el deseo, no del mal que sería inexplicable en un ser equilibrado e inocente, sino de la seguridad que ofrece una "naturaleza pura" frente a las ebriedades vertiginosas de lo "sobrenatural".

Con un Dios que tiene pensamientos tan grandes, no tenemos más remedio que defender enérgicamente nuestra banalidad. Es un Dios fogoso e imprudente: por tanto nos toca a nosotros poner un punto de sensatez.

Ya que nuestro sueño es un piso de tres habitaciones con baño, no nos sentimos atraídos por las ilimitadas praderas del Reino.

O mejor, podríamos incluso renunciar a la Jerusalén celeste con tal de que nos dejen el piso de tres habitaciones con baño.

Nos gusta la perla, pero nos gusta también nuestro escaso dinero, cálido, palpitante, palpable, seguro. Y nos conforta saber que también Jesús en un cierto momento se decidió a moderar la exuberancia integrista del Padre y a reconocer la bondad de una vía intermedia y de las pequeñas aspiraciones comunes.

20

El reino de los cielos se parece a un hombre que tenía cien ovejas y, habiendo perdido noventa y nueve, reprende a la última oveja por su falta de iniciativa, la echa fuera y, después de cerrar el redil, se va a la posada a discutir sobre el pastoreo.

¿Qué os parece? Suponed que un hombre tiene cien ovejas: si una se le pierde, ¿no deja las noventa y nueve en los montes y va en busca de la perdida? Y si la encuentra, en verdad os digo que se alegra más por ella que por las noventa y nueve que no se habían extraviado (Mt 18,12-13).

Comenzamos con un aplauso a las noventa y nueve ovejas perdidas: el suyo no es un extravío común, sino una forma de protesta contra la idea misma de redil.

La imagen del redil evoca el confinamiento, la cerrazón, la segregación de los otros. ¿Cómo pueden los "otros" unirse a la grey, si en un determinado momento de su camino se encuentran con una barrera?

Y esto por no decir que la vida de gueto –al amparo de los peligros pero también de las emociones de la aventura– acaba por deformar la personalidad y generar complejos de inferioridad o superioridad según los temperamentos, de los que uno difícilmente se cura. Mejor para una oveja el peligro del lobo que la certeza de la humillación en el redil.

Puede suceder que el pastor no sea suficientemente perspicaz para darse cuenta: en tal caso es necesario tener el coraje de forzar la mano. El éxodo en masa, como el de la parábola, es el medio más eficaz para hacer entrar en razón a quien se empeña en cerrar los ojos. Una vez desmantelado el redil podrán volver a estar todos juntos, ovejas, lobos y otros animales, y habrá un solo rebaño sin un solo pastor.

En la parábola, sin embargo, el pastor comprende la razón, tanto que se irrita con la única oveja que quedó.

Este animal –al que objetivamente hay que reconocer un cierto inconformismo– basta por sí solo para hacer fracasar la llegada de una nueva época: mientras está él sigue habiendo redil, y mientras haya redil, las ovejas en libertad tendrán cierta inquietud respecto a lo acertado de su evasión. Y esto no es bueno: incluso para ser bien devoradas es necesaria una cierta tranquilidad interior.

¡Afuera pues, oveja reacia! Es necesario obligarte a ser libre. También porque tú, sola, haces perder a tu vigilante tiempo y esfuerzo, e impides así el progreso de la cultura. Solamente cuando también tú hayas tomado valerosamente el sendero del bosque, podrá el pastor discutir con sus colegas los medios más adecuados para hacer prosperar la crianza de las ovejas. Sólo cuando ya no haya aprisco (ni tampoco ovejas) se podrá elaborar con todo su rigor científico −sin compromisos con las condiciones concretas ni con la supervivencia de concepciones superadas− una verdadera y lograda teología pastoral.

21

> ¿Pues de qué le servirá a un hombre salvar la propia alma, si no consigue ganar el mundo?

> *¿Pues de qué le servirá a un hombre ganar el mundo entero, si pierde su alma?* (Mt 16,26).

Se puede apreciar cómo el texto de Mateo es totalmente antitético al nuestro. Es posible que un copista distraído haya intercambiado los términos "alma" y "mundo", dándonos de este modo en el primer evangelio una enseñanza incluso opuesta a lo que el Señor de verdad quiso decir.

Se puede apreciar también cómo este fragmento consigue al fin hacer concorde la idea de la "alienación" (de origen marxista, pero hoy axioma fundamental de todo el pensamiento cristiano contemporáneo) con la predicación de Cristo.

En verdad, el concepto estaba implícito también en los evangelios canónicos. Según éstos, está "alienado" el hombre, que creado para conocer, amar y servir a Dios, se pierde en la conquista de la tierra; destinado a una vida eterna, se deja cautivar por el afán de cada día; capaz de conocer por la meditación de la Palabra las noticias últimas sobre el mundo y el reino, está ávido de escuchar el telediario y de leer las revistas de actualidad católica.

Análogamente "alienado" está el cristiano que siendo incapaz de cumplir con su obligación de dar testimonio de las cosas del cielo, "donde Cristo está sentado a la derecha del Padre", intenta hacerse perdonar la propia fe revistiéndola de un humanitarismo inconcluyente o identificándola con la revolución y la violencia.

En esta misma línea, está "alienado" el sacerdote que al no conseguir que sus parroquianos se interesen por el Reino o ni siquiera organizar a sus monaguillos, se evade de su misión específica con las "cuestiones de fondo" y los "problemas generales".

Sin embargo, este concepto de "alienación" tiene el inconveniente de ser escandalosamente original. Para él, la causa primera de la infelicidad humana no estaría tanto en las estructuras opresoras cuanto en apartarse del fin último: un hombre que ya no conoce la razón esencial de su mismo existir no puede sino ser un candidato a la desesperación, de la cual se defiende como puede.

Pero todos pueden ver cómo esta idea es inaceptable: haría del cristianismo una concepción no sólo extraña, sino incluso rebelde a las filosofías hoy más acreditadas. Alguien que quisiera sostenerla a cualquier precio se situaría por ello mismo fuera de la historia y se volvería incomprensible para sus contemporáneos.

El quinto evangelio nos pone providencialmente en guardia: no nos dejemos distraer por las habituales banalidades sobre la salvación del alma y sobre el Paraíso. El verdadero cristiano sabe que su única legítima preocupación es la conquista del mundo; no por una voluntad de dominio, se entiende, sino para garantizar a todos justicia, felicidad, bienestar y, si es posible, una perfecta y tranquilizadora oscuridad sobre el significado de la vida.

22

Si el mundo os odia, es signo de que no lo comprendéis. Conformaos al mundo, y el mundo os salvará.

Si el mundo os odia, sabed que me ha odiado a mí antes que a vosotros. Si fuerais del mundo, el mundo os amaría como cosa suya, pero como no sois del mundo, sino que yo os he escogido sacándoos del mundo, por eso el mundo os odia (Jn 15,18-19).

La actitud de oponerse al mundo ha sufrido en nuestros días en la enseñanza de los mejores teólogos y en la convicción de los cristianos más iluminados una acelerada evolución.

«¡Huyamos del mundo!», decían los antiguos ascetas. «¡Salvemos el mundo!», rebatían los apóstoles de todos los tiempos. Y durante siglos la disputa se centró en la contraposición de estos dos enunciados, sin que fuera posible resolverla con la supresión de uno de los términos. Si es que se podía hablar de disputa: en realidad el monje en su soledad también se sentía al servicio de la salvación de los hermanos, y el apóstol en su trabajo por los demás buscaba no someterse a los dictados de la sociedad mundana.

Pero en estos últimos tiempos hemos comprendido que ambos estaban equivocados. El mundo no debe ni ser evadido ni ser salvado: ya está salvado por sí mismo, porque todo lo que hay en él, todas sus ideas, sus aspiraciones, sus costumbres tienen una bondad positiva que sólo aguarda a ser comprendida y apreciada.

Es más —y aquí la nueva luz alcanza la plenitud del mediodía— es necesario dejarse salvar por el mundo: quien se separa de él o, incluso peor, quien intenta oponerle resistencia, está irremediablemente perdido.

De este modo nosotros admiramos hoy la humildad y la grandeza de espíritu de los nuevos cristianos que invocan cada día más intensamente para sí y para la Iglesia aquella redención que sólo el mundo puede dar: ¿quién si no puede liberarnos de nuestra estrecha visión de la realidad, de las inhibiciones y de las rémoras de naturaleza moral, de la manía aberrante del sacrificio, de la renuncia, del sentido del deber?

Hay quien toma prestado del mundo (aunque aquí quizás se exagera un poco) incluso el rescate de la concepción de un Dios trascendente, y a fin de cuentas opresivo, que decide sobre el bien y el mal sin esperar a conocer el parecer de nuestra conciencia.

«¡Conformaos al mundo y el mundo os salvará!». No obstante la aparente contradicción, aquí encontramos expresada con fuerza la ley suprema del anticonformismo, la única que es cordial y universalmente aceptada. Todos somos anticonformistas y a menudo en un modo verdaderamente inesperado.

Anticonformista es aquel que valientemente decide no ir más a Misa en una época en la cual el noventa por ciento no va.

Anticonformista es el que sabe pasar por encima de todos los tabúes sexuales, puesto que "todos lo hacen".

Anticonformista es aquel hombre que es capaz incluso de vestirse como su bisabuela, con tal que lo hagan a la vez todos los de su tribu.

Anticonformista es quien acepta esta concepción del anticonformismo, porque nadie la cuestiona.

«No ruego por el mundo», habría dicho Jesús según el evangelio de Juan. Siempre nos ha dejado perplejos esta frase sin misericordia. Pero quizás ahora entendemos su verdadero significado: no debemos orar por el mundo que no tiene ninguna necesidad de nuestra oración. Más bien nosotros tenemos necesidad del mundo, si no queremos quedar relegados en un rincón con nuestros inútiles lamentos, conformistas solitarios que vergonzosamente se hacen notar en medio del anticonformismo universal.

23

> Si quieres entrar en la vida eterna, guarda los dictámenes de tu conciencia.

> *Si quieres entrar en la vida, guarda los mandamientos* (Mt 19,17).

Este fragmento será sin duda el gozo de los moralistas contemporáneos, que tienden a simplificar cada vez más su trabajo apelando a la conciencia del individuo.

Sobre todo dará una clara justificación bíblica a la idea, cada vez más difundida entre los cristianos, de que no es necesario buscar ninguna otra regla de moralidad más allá del sentimiento interior del bien y del mal.

A decir verdad, no se trata de una doctrina nueva: desde siempre la moral cristiana ha enseñado que la norma próxima del actuar para el hombre concreto es su conciencia personal, que él debe seguir siempre, en cualquier cosa que le mande o le prohíba.

La novedad consiste más bien en una renovada concepción de la conciencia y sus funciones. La mentalidad antigua sostenía que la conciencia era sólo el altavoz interior capaz de transmitir la ley de Dios: por ello le era esencial la capacidad de permanecer en sintonía con la voz divina; sin ello, se hacía inservible como un receptor de radio que ya no fuera capaz de mantener la conexión con la emisora deseada.

Según esta visión, la primera obligación impuesta por la conciencia no era encontrar dentro de sí sus contenidos, sino buscarlos en los mandamientos del Señor. El primer imperativo de la conciencia era escrutar la ley.

En cambio, según la opinión que hoy se generaliza, la conciencia no parece que deba salir de sí misma: debe estar atenta a sus propios deseos, a sus propias resistencias, a sus propios entusiasmos, a sus propias flaquezas, y no tendrá necesidad de nada más. El conocimiento de las normas objetivas le es extraño y por tanto indiferente.

Y de este modo se ha llegado finalmente a la raíz de un equívoco: hasta ahora se había pensado que la conciencia era un medio que Dios nos ha dado para hacernos conocer su voluntad; ahora se ha comprendido que es en realidad un regalo mucho más valioso: es un medio para dispensar al hombre de la incomodidad de conocer la voluntad de Dios. Así todo se hace más fácil: la conciencia es la abolición de la ley. Es la liberación de la esclavitud de los preceptos y de la casuística. El imperativo moral ha quedado perfectamente simplificado:

—¿Son lícitas las relaciones prematrimoniales? Sigue tu conciencia.

—¿Cómo debo hacer la declaración de la renta? Sigue tu conciencia.

—¿Me es lícito abortar si tengo ya tres hijos que mantener? Sigue tu conciencia. La cual no debe en absoluto ser informada, sino sólo seguida.

Y no sólo es el oficio de moralista el que de este modo se ve simplificado: también ese otro más exigente que es ser hombre.

Más aún porque, a pesar de las apariencias, no hay nada más manejable que la conciencia que no se confronta continuamente con la ley divina. Para el hombre que obedece a la conciencia sin preocuparse para nada del parecer de Dios, la recompensa es inmanente: la conciencia termina siempre obedeciendo al hombre sin ocasionarle ya ninguna molestia.

También aquél que ha adquirido la costumbre de envenenar de vez en cuando a alguna de sus tías para recibir la herencia antes de tiempo, en el funeral de la cuarta se dará cuenta de que su conciencia (como la tía) no tiene ya nada de que protestar.

24

Y Jesús dijo a uno: «Sígueme durante cinco años, y después podrás volver a ocuparte de tus asuntos». Y a quien le decía: «¡Cinco años son demasiados!», respondió: «Ven durante seis meses y así tendrás una bonita experiencia».

A otro le dijo: «Sígueme». Él respondió: «Señor, déjame primero ir a enterrar a mi padre». Le contestó: «Deja que los muertos entierren a sus muertos; tú vete a anunciar el reino de Dios». Otro le dijo: «Te seguiré, Señor. Pero déjame primero despedirme de los de mi casa». Jesús le contestó: «Nadie que pone la mano en el arado y mira hacia atrás vale para el reino de Dios» (Lc 9,59-62).

En los Evangelios canónicos Cristo lanza sus llamadas como quien ignora la existencia de contratos temporales.

Hapax, "de una vez para siempre", es un concepto básico en todo el Nuevo Testamento: no sólo en relación con la acción salvífica del Señor, sino también con la adhesión de los hombres a él. Al *hapax* de Jesús, que se ha sacrificado totalmente en una donación única y plenamente suficiente, corresponde el *hapax* del hombre, que se debe consagrar sin reservas y sin vuelta atrás.

Sin embargo, según los principio de los mejores teólogos contemporáneos, también esta doctrina, como todas las otras, debe entenderse históricamente: surgió condicionada por unas circunstancias que hoy ya no existen y por ello debe ser totalmente repensada según las categorías de la cultura actual.

Por ejemplo, es innegable que el estilo evangélico nace en una sociedad que no conoce la venta a plazos, que sin embargo es uno de los pilares de la economía actual. El "todo de golpe", también para la vocación apostólica, supone un mundo que todavía no ha llegado a la invención de las letras de cambio. Es por tanto necesario proceder a una "traducción" en términos más accesibles a nosotros.

En esto, el fragmento nos ayuda.

Nos ayuda con su sentido de humanidad: frente a la dureza del texto de Lucas que hemos citado, resalta la discreción, la dulzura –se diría– de esta llamada. Nos sentimos comprendidos: estamos ante alguien que sabe leer el corazón y sabe que nada nos paraliza más que las palabras "siempre" y "jamás". De paso añadimos que aquí encuentra su fundamento el uso secular en la Iglesia de los votos temporales, que hasta ahora carecía de un fundamento bíblico convincente.

Y el fragmento nos ayuda con su "modernidad". Jesús sabe vislumbrar con ojo profético, con veinte siglos de antelación, los modos de ser de los hombres de nuestro tiempo.

Ellos son generosos, deseosos de entregarse, de gastar su existencia por un fin; pero no quieren vínculos definitivos. Están también dispuestos a dar la vida por el reino de Dios, con tal de que no sea por un período de tiempo demasiado largo. Sobre todo, están ansiosos por experimentar: el fin supremo es enriquecerse con sensaciones inéditas. Hoy el hombre quiere estar y permanecer abierto, o como prefiere decir, disponible.

Durante algunos meses es capaz incluso de hacer de misionero en condiciones de extrema dificultad. Hay gente que, si la cosa no va para largo, sabe también afrontar la emoción de vivir en pobreza, castidad y obediencia.

Así tienen algo original que contar en las reu-
niones del clan, cuando las más diversas experien-
cias de todos se comparten con los demás.

25

> Hay quienes por el Reino de los cielos, cuando lo exige el bien de la comunidad, por un tiempo se abstienen de engendrar. Y no debería ser una cosa difícil de entender.
>
> *Hay quienes se hacen eunucos ellos mismos por el reino de los cielos. El que pueda entender, entienda* (Mt 19,12).

La cuestión del celibato consagrado está llena de matices que no encuentran eco en el texto de Mateo, donde tan crudamente se habla de "eunucos", es decir, de gente que está en una situación sin retorno. En contraste, se impone a nuestra atención la finura de este fragmento.

Aquí no parece que se trate del celibato de los sacerdotes: Jesús se refiere de hecho a los que se preocupan del Reino de los cielos, hasta el punto de hacer de él el sentido y el fin de la propia existencia. Tanto más cuanto que al sacerdote no se le pide enajenarse de la comunidad, viviendo una vida diferente de la de sus hermanos: él debe en todo asemejarse a ellos para ser totalmente uno de ellos, aunque puesto a su servicio. Ahora bien, nadie es más extranjero que aquél que es programáticamente célibe en un pueblo de gente casada. De modo que si el dilema está entre conformarse con Cristo, que es virgen, o con los demás cristianos que por regla general viven en el matrimonio, el sacerdote clarividente no tiene ninguna duda: elegirá ser como todos.

Si alguno quiere renunciar provisionalmente al matrimonio, lo hará solamente en orden al bien de su comunidad. Por tanto, no para imitar al Señor; o porque siente que "el tiempo es breve" y decide anticipar las condiciones propias del reino, donde no habrá ni maridos ni mujeres; y tampoco para ser partícipes del amor esponsal con el que Cristo se entrega a la Iglesia. Sino sólo por un tiempo para el beneficio de la comunidad.

En todo caso, uno no se puede convertir en un "eunuco" espiritual: no es admisible una decisión irrevocable.

El celibato tiene valor si es fruto de una libre determinación. Quien ha asumido, aunque sea espontáneamente, un compromiso que lo vincula de por vida, se convierte en prisionero de una norma; la obligación se convierte para él en una cadena jurídica que lo constriñe desde el exterior e impide su crecimiento espiritual.

La elección más válida del celibato sería la que se asumiera diariamente: cada tarde se recupera aquella libertad que a la mañana siguiente podrá dar de nuevo –si se considera oportuno– vigor y riqueza a otra decisión para ese día.

Como se ve, no se trata de consagrar una vida, sino de programar el propio servicio por un espacio breve de tiempo. Por otra parte, hay cierta inmoralidad en un compromiso perpetuo: ¿quién puede considerarse psicológicamente dueño de todo su futuro?

Quizá sea concebible la renuncia a las mujeres que uno ha conocido en el pasado, pero ¿y si la mujer destinada a nosotros está todavía aguardándonos en el futuro? ¿No es una monstruosidad el sacrificio de lo que todavía no se conoce? A semejantes abnegaciones se puede obligar en conciencia sólo por un breve periodo de tiempo.

Como mucho, podemos también concluir que el voto de castidad más libre y consciente, y por tanto el más valioso, es el que vincula el espacio de tiempo –ya sea largo o corto– que va de una relación conyugal a otra.

26

Y Jesús dijo a María, hermana de Lázaro: «Un perfume que vale trescientos denarios, ¿no se podría haber vendido para ayudar a los pobres?» Judas murmuró: «¡Vaya! Eso es justo lo que quería decir yo».

Judas Iscariote, uno de sus discípulos, el que lo iba a entregar, dice: «¿Por qué no se ha vendido este perfume por trescientos denarios para dárselos a los pobres?» [...] Jesús dijo: «Déjala; lo tenía guardado para el día de mi sepultura; porque a los pobres los tenéis siempre con vosotros, pero a mí no siempre me tenéis» (Jn 12,4-8).

Por *gracia* de Dios se va difundiendo en la cristiandad la convicción de que hay que ahorrar al máximo en los gastos del culto, para que aparezca con más claridad el primado de la pobreza y de la caridad entre los discípulos de Cristo.

Alguien educado en el clima del triunfalismo podría plantear sin embargo algunas objeciones a propósito de esto. Por ejemplo se podría sorprender de que un joven exija en voz alta a los obispos que manifiesten su consagración a Cristo con una cruz de madera, y luego considere que la madera no es un material apropiado para expresar su amor esponsal. Pero es una perplejidad que está fuera de lugar: el cariño que une entre sí a los prometidos y a los cónyuges es una cosa verdaderamente seria, y por ello es correcto que sea representado por piedras preciosas y oro.

O también se podría considerar ridícula la costumbre bastante extendida hoy entre los sacerdotes más abiertos y sensibles de ahorrar −en nombre de la austeridad evangélica− en flores, luces y ornamentos de altar, y en cambio no escatimar en cigarrillos, whisky, cerveza y, ¡por supuesto!, Coca-Cola para sostener y refrescar las interminables discusiones sobre los despropósitos de la Iglesia de los ricos. Pero eso sería no entender la exacta jerarquía de valores.

Habrá alguno que llegue incluso a defender las inmensas y excesivamente adornadas iglesias del pasado con el pretexto de que al fin y al cabo quien las quería ricas, grandes y espléndidas era todo un pueblo que quizás vivía en casuchas pero se sentía feliz de tener una casa de Dios –y por tanto una casa de los hijos de Dios– que con su magnificencia les recordara la alegría de su destino y el significado de su dolorosa existencia. Nunca han arrojado piedras contra las catedrales lo que vivían en cuchitriles de madera sobre un suelo de tierra batida, sino aquellos que –no habiéndolas construido y caminando cada día en su propia casa sobre suelo de mármol y azulejos– saben resistir con éxito a su fascinación y superar su insidia sutil.

Los antiguos pensaban que era preferible vivir el desapego de los bienes en la propia casa y encontrar en la catedral de la ciudad la satisfacción del deseo de belleza y de grandeza. Pero más sabiamente la civilización moderna piensa que a cada ambiente hay que reservarle su función propia: que la casa de Dios recuerde la pobreza evangélica, y que la nostalgia del hombre por un ideal de vida luminosa encuentre su más elevada expresión en los cuartos de baño, con sus mayólicas y sus cromados.

Sin embargo, el principal argumento de los triunfalistas era de carácter bíblico: la represión dirigida a María, la derrochadora, por los trescientos denarios derramados en el culto afectuoso a Jesucristo, aparecía en los evangelios tradicionales como un sentimiento mezquino en el corazón sin amor de Judas, el único del grupo capaz de hacer los cálculos.

Pero he aquí que resulta evidente a partir de este fragmento que las antiguas narraciones son tendenciosas: en realidad el Maestro era del mismo parecer que el más prudente, sensato y caritativo de sus discípulos. Es verdad que después lo traicionó; pero no nos sentiríamos capaces, en este clima de apertura ecuménica, de condenar por un solo error todos los pensamientos y los actos de la vida de un hombre.

27

Y al entrar en el templo, vio la multitud de los compradores y vendedores, y dijo: «Este sitio se ha convertido en una cueva de bandidos, pero la cosa no me preocupa: de hecho todo el mundo es un templo en el que se adora a Dios en espíritu y verdad».

Y al entrar en el templo echó fuera a todos los que vendían y compraban en el templo, volcó las mesas de los cambistas y los puestos de los vendedores de palomas. Y les dijo: «Está escrito: "Mi casa será llamada casa de oración", pero vosotros la habéis hecho una cueva de bandidos» (Mt 21,12-13).

No hay en todo el Nuevo Testamento –que sin embargo tiene algunas referencias al respecto– un pasaje que permita en modo más explícito superar el concepto de "sagrado" para llegar a la idea de lo genuinamente "religioso", que no tiene necesidad de un barniz ritual para ser escenario del encuentro entre el hombre y Dios.

Por el mismo hecho de que un lugar es sacralizado, todos los demás quedan definidos como profanos y por tanto sustraídos al destino original de las "criaturas" que con su mismo ser revelan y recuerdan al Creador. Si dedicamos un día a la divinidad, la hurtamos de todos los demás. Si un gesto es separado y se convierte en ritual, con eso se desacralizan todos los gestos comunes.

Como puede verse, lo "sagrado" amenaza y sofoca lo "religioso"; y mientras el "culto" se diseca desconectándose de la autenticidad de la existencia, la vida queda privada de cualquier referencia espontánea a Dios y se convierte en atea.

Se puede entonces comprender fácilmente el entusiasmo que invade a tantos teólogos católicos ante el "eclipse de lo sagrado", innegable en el mundo moderno. Es una de las más altas conquistas de la civilización contemporánea: una verdadera liberación espiritual que anuncia el renacimiento del genuino sentido de Dios.

Dejemos por tanto que los compradores y vendedores profanen el templo: así acelerarán su final. Cuando finalmente no haya iglesias y todas nuestras casas sean lugares de culto; cuando ya no consideremos distinto el domingo porque todos los días de la semana son de Dios; cuando ya no tengamos más ritos ni plegarias, porque todo en nuestra existencia: la comida, el amor, el sueño, el trabajo, el juego, la lucha son una verdadera oración y una liturgia llena de sentido. Entonces todos los hombres vivirán en perfecta y continua adhesión al Señor y lo recordarán sin cesar y sin cansancio.

Sin embargo, permanece invencible en nosotros algo de la antigua mentalidad "sacral" que no nos deja tranquilos.

¿Y si el análisis histórico estuviera equivocado? ¿Y si la pérdida del sentido de Dios no dependiera de la afirmación de lo "sagrado", sino que más bien el eclipse de lo sagrado fuera una simple consecuencia de la pérdida del sentido de Dios? La situación sería mucho más grave de como la pinta el optimismo teológico contemporáneo, y quizás no bastaría la desacralización para que la fe se reforzara.

¿Y si –hasta este punto nos llevarían interiormente esos residuos ancestrales y el habituarse del espíritu– lo "sagrado" fuera una necesidad psicológica para la supervivencia de lo "religioso"?

¿Y si fuera incluso una necesidad teológica proveniente de la convicción de que el mundo tal como existe no está en el estado originario querido por Dios y tampoco está en el estado definitivo de gloria, y por tanto se impusiera la lucha contra el Maligno también a golpe de bautismos y de bendiciones, y fuese necesario anticipar ritualmente el Reino con los templos, los domingos y las celebraciones?

En las plazas de la Jerusalén celeste no habrá ya iglesias: una "desacralización" perfecta. Por eso surge la duda de si la teología de la secularización es totalmente adecuada pero por exceso de previsión ha llegado algunos años antes de lo debido.

Con todo, quizás estas incertidumbres nuestras no son sino residuos inconscientes de dos concepciones ancestrales que en nuestro ánimo no han sido todavía perfectamente desmitificadas: la del pecado original y la de la espera del Reino de Dios al final del mundo. Donde se ve que, si no las defendemos constantemente, incluso las más importantes conquistas de la teología contemporánea pueden verse minadas por la duda.

28

Yo he pedido por ti, Simón, para que tu fe, confirmada por la opinión de la multitud, no se apague nunca, y tú seas sostenido por las afectuosas críticas de tus hermanos.

Simón... yo he pedido por ti, para que tu fe no se apague. Y tú, cuando te hayas convertido, confirma a tus hermanos (Lc 22,32).

¿Quién sostiene la fe indefectible de Pedro? La oración de Cristo, parece enseñarnos el tercer evangelio. La opinión de la mayoría de los fieles, insinúa por el contrario nuestro texto.

Cuando en la Iglesia existe alguna incertidumbre sobre el camino a tomar, ¿qué debe hacer Pedro?

Debe confiar en su carisma interior, en cuya fuente está la oración del Señor, "obispo y pastor de nuestras almas", parece sugerir San Lucas. Debe fundarse sobre los resultados de un referéndum entre los bautizados o al menos de un sondeo de opinión, diría el quinto evangelio.

Si el rebaño no sabe ya a dónde ir, ¿qué sucede? Que mire a Pedro, el pastor delegado, parece exhortar el evangelio según san Juan. Pero es todo lo contrario: que las ovejas se reúnan y decidan por mayoría el camino que el pastor deberá seguir, enseña el evangelio según Migliavacca.

Como podemos ver, estamos ante dos concepciones bien diferentes de la Iglesia y de su cabeza visible. Entre ellas el acuerdo es difícil: es necesario elegir una de las dos.

Por nuestra parte no hay ninguna duda: la teología del primado que subyace en este pequeño fragmento, aun en contradicción con los evangelios canónicos, es más democrática, más conforme a la mentalidad de los tiempos que corren, más aceptable.

Quisiéramos hacer notar el delicado equilibrio que caracteriza las últimas palabras del pasaje.

Los católicos de este siglo, en relación con el Papa, parecen incapaces de encontrar un camino medio entre la adulación y el insulto, entre el culto a la personalidad y el desprecio, entre el hosanna y el crucifícalo. ¡Cuánto equilibrio, cuánto sentido común en aquellas "afectuosas críticas" que, según la palabra de Jesús aquí referida, serían el verdadero secreto de la solidez de Pedro y la fuente escondida de sus consuelos!

29

> Esto es el cuerpo que
> se entrega por vosotros:
> haced esto en memoria
> de la comunión que
> existe entre vosotros.

> *Esto es mi cuerpo,*
> *que se entrega por*
> *vosotros; haced esto*
> *en memoria mía*
> (Lc 22,19).

Si tuviéramos que atenernos a la teología que parece subyacer en los textos de los sinópticos y de San Juan, parecería que el aspecto fundamental de la eucaristía es el de ser un rito que efectúa en los discípulos una "memoria objetiva" de Cristo y de lo que ha hecho por nosotros, instituyendo una real participación en su cuerpo y sangre. De modo que el sacrificio del Hijo de Dios, representado litúrgicamente y hecho alimento espiritual, uniría a los hombres más diversos y más lejanos entre sí a la persona del Salvador verdaderamente presente entre los suyos.

Es obvio que en este caso la celebración eucarística daría origen también a una efectiva comunión entre los que participan en ella, pero sólo en cuanto se funden en el común recuerdo de

Cristo: "haced esto en memoria mía", y en la común manducación de su carne y de su sangre.

Es la doctrina tradicional y ejerce una indudable fascinación. Pero si lo consideramos mejor, para los espíritus más avisados, es sin embargo incompleta e insubstancial.

Nuestro fragmento, en cambio, pone en primer lugar la prerrogativa de la "autenticidad" de la comunión. El gesto debe darse no entre los extraños, que no se conocen ni siquiera por su nombre, sino – como todos los banquetes– entre personas unidas por una estrecha amistad. Es más, su sentido profundo es el de expresar esta solidaridad que por tanto más que construida por la acción común es su premisa.

Por tanto no puede haber eucaristía sino entre personas que forman ya entre sí una comunidad de espíritu, de ideales, de gustos, de estilo de vida. Y como estas condiciones no se dan regularmente en una masa muy numerosa ni entre hombres muy diferentes por su cultura, condiciones sociales, edad o raza, una eucaristía auténtica puede nacer sólo a partir de un pequeño grupo homogéneo que se reúna en torno a una pequeña mesa. Por ello la "ekklesia" de Cristo, expresada por el sacramento, estará compuesta sólo por griegos, o sólo por hebreos, o sólo por pobres o sólo por ricos, o sólo por gente sencilla o sólo por intelectuales. O también e incluso mejor por intelectuales que jueguen a hacer de gente sencilla; con tal de que todos lo sean.

Por otra parte, la ley de la "autenticidad" tiene una validez general y nos lleva felizmente a conclusiones que no nos hubiéramos atrevido a prever, antes de su descubrimiento. Autenticidad en la lengua, sin tonos sacralizadores ni vocabulario eclesiástico; autenticidad en los vestidos, que deben ser los comunes; autenticidad en el ambiente en el cual la comida se toma, que será –como es lógico– el comedor o también en un rincón íntimo de una fonda; autenticidad en los alimentos: ¿quién toma un banquete sólo con pan y vino?; autenticidad en los discursos y los temas tratados, que por necesidad serán aquéllos que surgen normalmente en una conversación entre amigos. Todo bajo el signo de la espontaneidad, de la simplicidad, sin formalismos, sin ritualismos, sin superposiciones.

¡Qué lejos estamos de la frialdad, del anonimato, de los convencionalismos de las misas dominicales normales!

En este punto nos damos cuenta que tal vez hemos celebrado magníficas eucaristías "anónimas" e inconscientes, en algún pequeño restaurante del Ticino suizo, disfrutando unas truchas deliciosas con un pequeño grupo de amigos. Cenas inolvidables que ciertamente nos recordaban nuestra comunión entre nosotros al mismo tiempo que la alimentaban y hacían crecer; momentos mágicos que nos daban la fuerza para continuar el duro camino de la existencia y nos dejaban más unidos, mejores y más compresivos con todo el género humano (como le suele suceder al italiano después de la cuarta copa), con la conciencia más tranquila y más felices.

Momentos maravillosos y, ¡ay de mí!, demasiado escasos. El cielo nos conceda que sean más numerosos en el provenir; lo deseamos de corazón, sobre todo ahora que hemos descubierto su naturaleza eucarística.

Id al mundo entero
y discutid: a partir
de la libre confrontación
de los pareceres
brotará la verdad.

*Id, pues, y haced
discípulos a todos los
pueblos, bautizándolos
en el nombre
del Padre y del Hijo
y del Espíritu Santo;
enseñándoles a
guardar todo lo que os
he mandado*
(Mt 28,19-20).

La idea del "anuncio" se expresa en los evangelios tradicionales con una dureza que la hace casi insoportable a nuestros oídos.

Jesús mismo habla con afirmaciones tajantes: no invita a nadie a una búsqueda que, por otra parte, no parece que ni él mismo la haya realizado. Él sencillamente "dice", no indaga, no hipotiza, no dialoga. Se presenta como aquel que no sólo tiene la verdad, sino incluso como el que es la verdad.

El mismo estilo viene encomendado a los apóstoles: ellos deben exponer un hecho, no provocar debates. Son los portadores de una perla preciosa que no debe ser arrojada a los puercos, sino guardada como un bien inestimable. Si alguien acoge el evangelio, es bienaventurado; quien lo rechaza, que se quede en sus tinieblas: no podemos compartir con él ni siquiera el polvo de los zapatos. Y enseguida hay que ir a proponérselo a otros.

El proselitismo afanoso –que él reprocha a los fariseos– es una actitud desconocida por Cristo y no recomendada a sus enviados.

Pero si en la condena del proselitismo todos podemos estar de acuerdo con él, sobre el método del anuncio tenemos algunas reservas.

De hecho, como el proselitismo, el anuncio condiciona la libertad ajena e impide pensar con la propia cabeza. Y no es una razón el hecho de que el anuncio cristiano anuncie una verdad. Al contrario, pide un esfuerzo mayor para estar callados: la verdad, teniendo una fuerza inmanente que el error desconoce, determina en una mayor medida el comportamiento del que llega a conocerla. Por ello, se puede permitir a los sembradores de falsedades que proclamen y hagan propaganda de sus doctrinas, pero no a nosotros: nuestro testimonio debe ser tan silencioso como sea posible.

Sobre todo, y este es el punto más insidioso, la idea del anuncio parecería casi suponer que la verdad desciende de lo alto ya preparada y cocinada, y por tanto no es el resultado de la búsqueda, de la libre discusión, de los desvelos de nuestro espíritu. Si se comienza por admitir el anuncio, se termina antes o después aceptando el concepto de una Revelación objetiva y externa.

Ahora bien, si los apóstoles no son enviados a "anunciar", ¿cuál es su misión?

El texto nos ofrece una aclaración definitiva: la tarea de los apóstoles es la de estimular el debate, dirigirlo con imparcialidad, de modo que todas las opiniones puedan confrontarse libremente.

La verdad, que está en el corazón y en la mente del hombre –o con mayor propiedad, en el corazón y la mente de la "humanidad"– encontrará el camino para emerger y para afirmarse y podrá ser acogida por todos no como una tirana despótica que siempre tiene razón, sino como una hija que nosotros mismos hemos engendrado con nuestro esfuerzo.

Vemos que este quinto evangelio asimila el método de Jesús al de Sócrates. Lo cual nos asombra un poco, aunque sólo sea porque los dos tipos humanos nos parecen muy diferentes. Baste pensar en el entusiasmo con el que el filósofo ateniense –sin temor, sin disgusto, sin tristeza– bebió su cicuta.

ÍNDICE DEL QUINTO EVANGELIO

Nos ha parecido oportuno ofrecer en paralelo al índice de los fragmentos de *El Quinto Evangelio* los correspondientes textos de los *cuatro Evangelios canónicos.*

Últimos títulos publicados

(www.editorialdidaskalos.org)

Suscríbete en nuestra web para recibir las mejores promociones